江西理工大学优秀博士论文文库

个体客户剩余生命周期度量模型及管理策略研究

王 锐 李彦鸿 王 虎 著

北 京
冶 金 工 业 出 版 社
2021

内容提要

本书对客户所处生命周期阶段的识别，生命周期各阶段客户的转化过程、平均剩余生命周期的度量以及标准客户的塑造等个体客户剩余生命周期度量过程中的关键问题进行了分析。在此基础上，提出了个体客户剩余度量模型，并将客户剩余生命周期度量模型应用于客户价值的度量工作之中。最后，提出了客户生命周期及客户价值双视角下的客户分类管理策略。

本书可供从事客户关系管理领域的工作人员阅读，也可供大专院校经济管理类专业的师生参考。

图书在版编目(CIP)数据

个体客户剩余生命周期度量模型及管理策略研究／王锐，李彦鸿，王虎著．—北京：冶金工业出版社，2021.2
ISBN 978-7-5024-8729-4

Ⅰ.①个…　Ⅱ.①王…　②李…　③王…　Ⅲ.①企业管理—供销管理—研究　Ⅳ.①F274

中国版本图书馆 CIP 数据核字(2021)第 020425 号

出版人　苁长永
地　址　北京市东城区嵩祝院北巷 39 号　邮编　100009　电话　(010)64027926
网　址　www.cnmip.com.cn　电子信箱　yjcbs@cnmip.com.cn
责任编辑　高　娜　美术编辑　吕欣童　版式设计　禹　蕊
责任校对　李　娜　责任印制　李玉山
ISBN 978-7-5024-8729-4
冶金工业出版社出版发行；各地新华书店经销；北京中恒海德彩色印刷有限公司印刷
2021 年 2 月第 1 版，2021 年 2 月第 1 次印刷
169mm×239mm；9.25 印张；180 千字；138 页
55.00 元

冶金工业出版社　投稿电话　(010)64027932　投稿信箱　tougao@cnmip.com.cn
冶金工业出版社营销中心　电话　(010)64044283　传真　(010)64027893
冶金工业出版社天猫旗舰店　yjgycbs.tmall.com
（本书如有印装质量问题，本社营销中心负责退换）

前　　言

随着信息技术的高速发展，企业的竞争环境及竞争策略发生了根本性的改变，企业的战略由过去的以产品或服务为中心逐渐转变为以客户为中心。对客户资源的获取与保持能力是企业生存与发展的关键因素。为了维持与客户之间良好的关系，企业为客户提供个性化的服务方案以及服务推荐，这些往往需要支付高昂的服务成本；而企业的资源是有限的，企业不可能也没必要为所有的客户提供个性化以及高品质化的服务。因此，企业需要根据客户的价值对其进行有效的分类，将有限的资源用于对优质的高价值客户的服务，有效地将对客户的服务成本转化为企业的利润，切实地提高企业的竞争能力。其中，客户的价值是企业进行客户分类的基础与关键，而在客户价值的度量过程中，个体客户的剩余生命周期的度量是其中的重点与难点，对客户价值的度量有着至关重要的影响。

基于此，本书综合应用客户生命周期、客户关系动态管理、客户行为分析、证据推理以及马尔可夫链等理论与方法，系统地对客户所处生命周期阶段的识别、生命周期各阶段客户的转化过程、生命周期各阶段客户的平均剩余生命周期的度量以及生命周期各阶段标准客户的塑造等个体客户剩余生命周期度量过程中的关键问题进行了分析，提出了个体客户剩余生命周期的度量模型；然后，通过江西某电信企业的客户数据对模型进行了验证，并将个体客户的剩余生命周期度量模型应用到客户价值度量之中；最后，以客户的价值为基础，结合个体客户所处生命周期阶段的信息，对客户进行了分类，并给出了相应的客户管理策略。

(1) 提出了个体客户所处生命周期阶段的识别指标与方法。在客户生命周期理论的基础之上，对生命周期各阶段客户的特点进行了分析，提出了生命周期各阶段客户的识别指标，并运用粗糙集中的属性重要度的计算方法对各指标的客观权重进行了计算，结合由专家经验给出的主观权重确定了各识别指标的综合权重。以这些指标为证据，运用证据推理的方法对个体客户所处的生命周期阶段进行了识别。

（2）提出了生命周期各阶段客户的平均剩余生命周期的计算方法。在现有的客户生命周期理论基础之上，对生命周期各阶段客户的转化过程进行了分析；对生命周期各阶段客户的状态转化概率矩阵进行了计算，运用马尔可夫链中的首次通过时间的计算方法计算出了生命周期各阶段客户的平均剩余生命周期。

（3）提出了生命周期各阶段标准客户的塑造方法与个体客户剩余生命周期的度量方法。运用粗糙熵从客户行为属性中提取出生命周期各阶段标准客户的特征行为属性，运用贝叶斯理论中的条件概率计算方法确定了生命周期各阶段标准客户在各特征行为属性项上的取值，以此完成生命周期各阶段标准客户的塑造。此时，生命周期各阶段标准客户的剩余生命周期等于生命周期各阶段客户的平均剩余生命周期，再运用模糊贴近度的计算方法对个体客房与对应的标准客户间的行为相似度进行计算，以此为基础结合标准客户的剩余生命周期，最终计算出个体客户的剩余生命周期。

（4）以江西某电信运营企业的实际客户数据对客户的剩余生命周期的度量过程进行了验证，在客户剩余生命周期的基础之上，提出个体客户价值的度量方法；运用 DEMATEL 方法对影响生命周期各阶段客户价值的关键因素进行了分析；最后，从客户的生命周期以及客户的价值出发，结合生命周期各阶段客户价值的关键影响因素对客户进行分类，针对每一类客户提出相应的管理策略。

本书的主要创新工作有：（1）提出了客户所处生命周期阶段的识别指标与识别方法。（2）对生命周期各阶段客户的状态转化过程进行了分析，并在此基础之上，提出了生命周期各阶段客户的平均剩余生命周期的度量方法。(3) 提出生命周期各阶段标准客户的塑造方法以及个体客户剩余生命周期的度量方法。

本书的出版得到了江西理工大学经济管理学院有关领导和专家的鼓励和支持，得到了江西理工大学优秀博士论文文库出版计划及江西省教育厅科技项目（GJJ 170542）的资助，在此表示感谢。

由于作者水平所限，书中疏漏之处恐难避免，敬请各位专家同仁和广大读者批评指正。

王　锐

2020 年 10 月

目　录

第一章　导论：客户的剩余生命周期

第一节　客户剩余生命周期的由来

一、研究背景

随着信息技术与互联网经济的高速发展，企业的竞争环境发生了翻天覆地的变化，企业的竞争战略也随之发生了革命性的转变，由以产品或服务为中心逐渐转化为以客户为中心。企业开始意识到保持与客户之间良好的关系是企业在激烈的市场竞争中立于不败地位的根本，因此客户关系管理（CRM）成为企业管理的核心内容之一，并引起了企业界与学术界的广泛关注。CRM 的核心思想是企业管理由传统的以产品为中心转变为以客户为中心，注重掌握客户的信息，把握客户的需求变化，快速适应客户的需求。以客户为中心的本质就在于企业根据客户的交易行为数据，识别企业与客户的关系类型，对客户的交易行为数据进行深入的分析，发现客户的消费特征，为客户提供个性化的服务，以提升客户的满意度与忠诚度。根据相关调查显示，满意度较高的客户的购买意愿是满意度一般的客户的 3 ~4 倍；而在企业方面，企业的平均客户满意度提高 10%，则企业的利润将会翻倍。因此，有效地进行客户关系管理对企业保持竞争优势有着重要的意义。

在过去，由于技术的限制，企业难以获取客户的交易行为数据，因此 CRM 难以开展。但随着互联网等信息技术的飞速发展，企业能够获取大量的客户行为数据，如：淘宝等电子商务平台有丰富的客户购买行为数据以及客户浏览商品信息等，移动等电信企业有大量的客户通话记录等客户行为数据，企业实施 CRM 的技术条件已成熟；另一方面，为了保持与客户间良好的合作关系，企业需要向客户提供高品质的、个性化的服务，但这往往需要支付高昂的成本。所以，对企业而言，由于受到企业自身资源的限制，显然不可能也没必要为每一个客户提供个性化的服务。企业需要对现有客户进行细分，并从中选取对企业具有较高价值的客户群体，为这些客户提供高品质、个性化的服务，与这些客户在尽可能长的时间内保持良好的合作关系，并在这些客户的生命周期内与之进行交易以获取最大的收益。对于无价值客户，企业应当主动放弃以降低企业的成本。因此，在当前情形下，对客户进行有效的分类是企业有效实施 CRM 的前提，也是企业对不同类型的客户实施差异化管理的重要依据，而有效地对客户进行分类的关键在于准确地对客户的价值进行度量。在对客户价值进行度量的过程中，对客户的剩余生命周期进行度量是其中的关键，客户剩余生命周期的长短直接决定着个体客户的价值的大小，是客户价值度量过程中的重点与难点，对企业客户关系管理（CRM）及客户分类管理战略的实施有着重要的意义。

二、研究意义

（一）理论意义

传统的客户生命周期理论认为：客户关系的发展是一个由考察期→形成期→成长期→成熟期→衰退期→流失期所构成的顺序单向的过程。然而，在实际情形中，客户关系的发展并非完全按照上述的过程发展，在客户关系的发展过程中往往存在着客户由衰退期重新回到成熟期、由成长期不经过成熟期而直接进入衰退期等情形。本书对这些情形进行了研究，分析了生命周期各阶段客户的状态转化过程，扩展了客户生命周期理论。在方法上，本书提出了客户所处生命周期阶段的识别指标与识别方法，并运用马尔可夫链对生命周期各阶段客户的状态转化过程进行了量化分析，提出了生命周期各阶段客户的平均剩余生命周期的计算方法；提出了生命周期各阶段标准客户的塑造方法，由此确定了生命周期各阶段标准客户的剩余生命周期，并在此基础之上，得到了客户剩余生命周期的计算方法，为客户价值的度量提供了新的思路与方法，为企业客户管理策略的制定提供了理论支撑。

（二）应用意义

本书提出的客户生命周期阶段识别方法，生命周期各阶段客户的演化模型、生命周期各阶段标准客户的塑造方法以及客户剩余生命周期的计算方法等可应用于关系型客户的客户价值度量等客户价值管理领域，如在电信领域，企业可通过本书中的个体客户的剩余客户生命周期的计算方法计算出个体客户的剩余生命周期，在此基础之上估算出客户的价值，从而使得电信企业能够有效地对客户进行分类，并在是否为某个客户提供话费优惠、是否提升某个客户的信用额度等服务决策问题上能够有的放矢，有效地将对客户的服务转化为企业的利润，切实提高企业盈利能力。

三、研究范围

企业的客户一般分为个体客户与组织客户两种类型。在一般情形下，个体客户通常以个人客户的方式呈现，如某个具体的手机移动通信用户。而组织客户一般以企业或团体的方式呈现。本书的研究对象主要是指个体客户。

客户生命周期主要是指客户关系的生命周期，从客户与企业建立交易关系开始直到双方间交易关系终结为止这一时间段。在现实中，企业与客户双方间的交易关系的终结通常以客户的流失形式表现出来。客户的剩余生命周期则是指客户从当前状态（如成长期）到客户流失所经历的时间。

客户与企业间的交易情形主要有非契约情形、契约情形以及半契约情形等三种。在非契约情形下（如杂货店的零售业务），企业与客户的交易关系无任何约束，双方之间交易以一次性的短期交易形式为主，双方间的交易随机性较大且企业几乎不掌握任何客户的历史交易数据。企业几乎无法判断客户关系所处的生命周期阶段（如客户关系处于成熟期），且无法及时察觉客户的流失。所以，此种交易情形下的客户关系并不具有生命周期阶段划分的特点且个体客户的剩余生命周期很难度量。在契约交易情形下（如报刊订阅业务），客户只有在一次性预先向企业支付契约期内的全部费用后才能使用企业的产品或服务。在契约期内，客户几乎无法流失。所以，在契约期内，客户关系非常稳定，几乎没有波动。因此，在此种情形下的客户关系也无生命周期阶段划分的特点。而半契约情形下的客户关系介于上述两者之间（如电信企业与手机用户之间关系），在此种情形下，企业与客户间的交易关系受到契约的约束，但约束没那么强。客户需要与企业达成契约并预缴部分费用后，才能使用企业的产品或服务；企业完全掌握客户的交易数据。同时，客户在流失前一般需通知企业。因此，在半契约情形下，客户关系具有明显的生命周期阶段划分特点。本书主要研究半契约情形下的个体客户剩余生命周期度量问题。

第二节　从客户生命周期到客户价值

一、客户生命周期理论研究现状

（一）客户生命周期概念及阶段划分

客户生命周期的概念由产品生命周期的概念衍生而来，认为企业与客户间的合作关系的发展与产品的生命周期相似，都会经历从客户开拓→关系建立→成长→饱和→衰退等阶段，因此将产品生命周期中的理论移植到企业客户关系领域便形成了客户生命周期[1,2]。对于客户生命周期的定义，Ives 和 Learmonth（1984 年）认为客户生命周期是指：以客户开始对企业所提供的某种产品或服务感兴趣并开始着手对企业进行了解或企业开始着手对客户进行开发为起点，一直持续到客户与企业之间建立起来的业务往来关系完全的结束（即企业与客户间的所有交易事宜全部处理完毕，企业不再与客户间发生任何交易）这一时间段[3]。陈明亮

（2001 年）认为客户生命周期管理即客户关系生命周期管理，是指客户关系水平随时间变化的发展轨迹，它描述了客户关系从一种状态向另一种状态运动的总体特征[4~6]。李志刚（2006 年）所理解的客户生命周期是指从客户与企业之间建立业务往来关系开始一直到这种合作关系完全终结为止这一完整的客户关系发展过程，这一完整的过程被称为客户生命周期[7]。郑灿雷，李飞（2007 年）认为客户生命周期指的是企业与客户之间建立的业务往来关系所能够持续的时间[8]。

在客户生命周期阶段的划分方面，Dwyer 和 Schurr（1987 年）认为一个完整的客户生命周期由考察期、形成期、成长期、成熟期和衰退期等五个阶段构成[9]。Stauss（1999 年）则将客户生命周期划分为：开拓期、形成期、成长期、成熟期、衰退期、中断期和恢复期等七个阶段[10]。陈明亮（2002 年）在 Dwyer 和 Schurr 提出的买卖关系五阶段模型基础上，将客户生命周期简化为考察期、形成期、稳定期以及退化期四个阶段[11,12]。在国内，客户生命周期的四阶段划分方式是各种客户生命周期阶段划分方式中应用最广的一种，许多学者如李天（2013 年）[13]、任朝江（2007 年）[14]、罗有攀等（2010 年）[15]均采取此种阶段划分方式对客户生命周期进行划分。徐忠海、王玲（2003 年）将客户生命周期划分成七个阶段，分别为开拓期、社会化期、成长期、成熟期、危险期、解约期和中断期[2]。王庆国、蔡淑琴等（2006 年）则在陈明亮的模型的基础之上将客户生命周期划分为开发期、接触期、确立期、成熟期、反复期和消退期等六个阶段[16]。Ma Ming、Liu Zhehui 等（2008 年）在 Dwyer 和 Schurr 的客户生命周期五阶段模型的基础之上，根据客户的流失过程的特点，将客户生命周期调整为接触期阶段、成长期阶段、成熟期阶段、潜在流失阶段、流失阶段[17]。黄友兰等（2009 年）根据电信客户所表现出的特征，将电信客户的生命周期分为：客户获取、客户提升、客户成熟、客户衰退及客户离网等若干阶段[18]。

总结上述的各客户生命周期阶段的划分方式，可以发现主要有以下的代表性的观点，见表 1-1。

表 1-1　客户生命周期阶段划分代表性观点

观点	所划分阶段	代表人物
四阶段划分	考察期、形成期、稳定期和衰退期	陈明亮
五阶段划分	考察期、形成期、成长期、稳定期和衰退期	Dwyer 等
六阶段划分	开发期、接触期、确立期、成熟期、反复期和消退期	王庆国等
七阶段划分	开拓期、形成期、成长期、成熟期、衰退期、中断期和恢复期	Stauss 等

(二) 客户生命周期理论的应用现状

客户生命周期理论被广泛应用于客户细分、客户关系管理等领域，在客户细分领域，陈明亮（2002 年）将客户的生命周期利润分为客户当前价值与客户潜在价值两个部分，并给出了计算模型，以此为基础对客户进行细分[19]。陈明亮(2003 年）运用客户生命周期理论将企业客户划分为若干客户群，并对处于生命周期各阶段的客户的忠诚度进行了研究[20]。谭跃雄、周娜等（2004 年，2005 年）引入了动态客户保持率，对客户生命周期价值模型进行了扩展，并将此模型应用于客户细分之中[21,22]。Hwang 等（2008 年）将客户生命周期理论引入客户价值度量过程之中，并以此为基础对无线通信用户进行了细分[23]。桂晓梅(2009 年）运用威布尔分布建立了一个客户全生命周期价值模型，通过该模型对客户的全生命周期价值进行计算，以此对客户进行细分[24]。郭玉华、陈治亚(2011 年）将客户生命周期理论引入铁路大客户的细分中，从利润与价值角度对铁路大客户所属的发展阶段进行了划分，并构建了基于客户生命周期理论的铁路大客户发展与保持模型[25]。贺昌政、孔力（2013 年）则将客户生命周期理论与客户流失预测技术相结合，构造了银行信用卡用户的细分模型[26]。邱吉福、王园（2013 年）将客户生命周期理论与商业智能技术相结合，建立了证券客户的生命周期模型，对证券客户进行了细分，并通过实证证明了模型的有效性[27]。

客户生命周期理论在其他客户关系管理及营销领域也有着广泛的应用。在客户数据挖掘领域，单友成（2009 年）将客户生命周期理论与模糊理论相结合对企业 CRM 中的客户数据进行挖掘以分析客户的满意度[28]。辛宇、郑鑫（2014 年）则将客户生命周期理论与大数据技术相结合，对汽车行业的客户数据进行了分类与挖掘[29]。在营销管理领域，宋朝红（2012 年）运用客户生命周期理论对移动互联网用户进行了分析，提出不同阶段的移动互联网用户的营销策略[30]。胡琪锐（2013 年）则对处于不同生命周期阶段的私人汽车消费者进行了分析，并对影响生命周期各阶段私人汽车消费者忠诚度的因素进行了分析[31]。薛锴(2013 年）分析不同生命周期阶段的信用卡用户的特点，分析了不同生命周期阶段的信用卡用户的价值，并以此为基础制定了不同生命周期阶段的信用卡用户的营销方案[32]。

总结上述研究可知：(1) 客户生命周期即是指客户关系生命周期。(2) 通过上述的应用现状可以发现客户生命周期理论研究的交易情形主要为半契约交易情形。(3) 在上述的研究中，研究者们将客户生命周期划分为不同的阶段，并认为客户生命周期的发展过程是一个单向的、按顺序发展的过程，即在客户生命周期中不可能出现由下一个阶段重新回到上一个阶段的情形。但是，在实际客户关系管理实践中，往往存在着客户关系由生命周期的一个阶段回到上一个阶段的情形（如衰退期的客户回到成熟期阶段）。因此，本书拟对这些情形进行研究，以完善现有的客户生命周期理论。（4）上述研究往往首先假定客户所处生命周期阶段已知，然后采用聚类或者因子分析等方法对不同生命周期阶段的客户的特点进行分析。在实际的情形中，客户所处的生命周期阶段往往是未知的。因此，对客户当前所处的生命周期阶段进行有效的识别是上述研究的基础。但是，当前关于这一领域的研究还比较少见。因此，根据客户的行为数据对客户当前所处的生命周期阶段进行识别是本书的研究重点之一。

二、客户识别研究现状

从本质上看，个体客户所处生命周期阶段的识别实际是一个客户识别与分类问题。当前关于客户识别的研究主要集中于客户识别指标与识别方法这两个研究领域。

（一）客户识别与分类指标研究现状

孙瑛、马宝龙等（2011 年）运用 RFM 模型对客户的忠诚度进行了分析，并对忠诚客户进行了识别[33]。马宝龙、李飞等（2011 年）将 RFM 模型与随机过程相结合得到了一种客户识别的方法，并对购物中心具有流失倾向的客户进行了识别[34]。刘朝华、梅强、蔡淑琴（2012 年）运用 RFM 模型结合 SOM 自组织神经网络对企业的客户进行了识别与分类[35]。安祥茜（2007 年）、Xiong 等（2011 年）运用 RFM 模型结合 k-means 技术对 C2C 电子商务客户进行了划分，将客户分为重点保持客户、重点发展客户、一般客户与无价值客户，并对这四类客户进行了分析与识别[36,37]。Wei Jiangping（2011 年）运用 RFM 模型对企业 VIP 客户进行了识别[38]。Zhang Li、Wang Yan（2014 年）运行 RFM 模型结合聚类技术对在线商店的客户进行识别与分类[39]。Hu Ya Han 等（2013 年）将 RFM 模型与 CRM 技术相结合对客户的交易行为进行了分析，并对客户进行了识别[40]。徐翔斌、王佳强等（2012 年）对 RFM 模型进行了改进，用企业从客户处获取的利润指标 P(Profit）代替了客户与企业间的交易额指标 M（Money）得到了 RFP 模型，以此对电子商务中的高价值客户进行识别[41]。Hu Ya Han、Yeh Tzu Wei（2014 年）对传统的 RFM 模型进行了扩展，加入了企业从客户处获取利润指标 P(Profit)，得到了 RFMP 模型，并将 RFMP 模型与决策树技术相结合对企业的客户进行了识别[42]。Cho Young Sung、Moon Song Chul 等（2012 年）则在传统的 RFM 模型基础之上引入了成功交易率指标 P(Purchasability)；得到了 RFMP 模型，并运用 RFMP 模型对电商网站用户进行了识别，并对其中的高价值客户进行了服务推荐[43]。Khajvand Mahboubeh、Zolfaghar Kiyana 等（2011 年）则在 RFM 模型的基础之上引入了客户的购买物品品种指标 C(Count)，得到了 RFMC 模型，并运用其对客户的忠诚度进行了识别[44]。计海斌（2010 年）对 RFM 模型进行了改进，用客户的消费积分指标 J 替代了交易额指标 M，得到了 RFJ 模型，并以此对企业的客户进行了识别[45]。Hohwald 等（2010 年）、琚春华等（2013 年）利用客户活跃度指标对潜在流失客户进行了识别[46,47]。朱帮助、张秋菊（2010 年）等认为客户的流失是一个正常客户→潜在流失客户→流失客户的过程，并通过客户活跃度指标对其中的潜在流失客户进行了识别[48]。

通过上述的研究成果可发现，当前主要利用 RFM 模型（Recency 为客户最后一次购买的时间，Freqency 为购买频率，Money 为购买金额）、RFM 模型的变形及其扩展模型以及客户活跃度等指标来对客户进行识别，归纳总结可得到基本的客户识别指标类型，见表 1-2。

表 1-2　客户识别指标的代表性研究

<table>
<tr><th>类　型</th><th>指　标</th><th>研究者</th></tr>
<tr><td>经典 RFM 模型</td><td>R：最近一次购买时间
F：购买频率
M：购买金额</td><td>A. M. Hughes[49]</td></tr>
<tr><td rowspan="2">RFM 模型变形</td><td>R：最近一次购买时间
F：购买频率
P：利润</td><td>徐翔斌等[41]</td></tr>
<tr><td>R：最近一次购买时间
F：购买频率
J：消费积分</td><td>计海斌[45]</td></tr>
<tr><td rowspan="2">RFM 模型扩展</td><td>R：最近一次购买时间
F：购买频率
M：购买金额
P：成功交易率</td><td>Cho Young Sung 等[43]</td></tr>
<tr><td>R：最近一次购买时间
F：购买频率
M：购买金额
C：购买品种</td><td>Khajvand Mahboubeh 等[44]</td></tr>
<tr><td>其他</td><td>客户活跃度</td><td>Hohwald 等[46~48]</td></tr>
</table>

（二）客户识别与分类方法研究现状

林柳青（2009 年）分析了影响用户使用信用卡的因素，运用 AHP 分析法对银行信用卡业务潜在客户进行了识别[50]。李锐鑫（2012 年）对移动通信客户中的流动用户的行为特征进行了分析，并通过 AHP 分析法对移动通信中的流动客户进行了识别[51]。Yao Leiyue 等（2011 年）将 RFM 模型中的客户分为了核心客户、潜在客户、新客户、低价值客户和流失客户等五种类型，并运用 AHP 分析法对这些客户进行了识别[52]。Liu Jiale 等（2012 年）运用 AHP 分析法对航空公司的高价值客户进行了识别[53]。Cheng Xuan 等（2010 年）将 FAHP 与 TOPSIS 方法相结合对模糊情形下的客户进行了识别[54]。梁志新、王凤英（2011 年）运用 Logistic 回归模型对会员制企业中客户的忠诚度进行了识别[55]。顾光同等（2010 年）、Sun Qian 等（2012 年）对影响移动通信客户流失的因素进行了分析，并运用 Logistic 回归模型对企业 VIP 客户中的潜在流失客户进行了识别[56,57]。Nie Guangli、Rowe Wei 等（2011 年）将 logistic 回归分析与决策树技术相结合对信用卡潜在流失客户进行识别[58]。陈峰（2009 年）将决策树技术与相异度算法相结合对客户进行了分类，并对其中的潜在高价值客户进行了识别[59]。马晓峰（2011 年）采用决策树 C4.5 算法对移动通信客户流失后的去向进行了识别[60]。Lien Chih Cheng 等（2011 年）运用模糊决策树对保险客户中的异常客户进行了识别[61]。Hong Taeho 等（2012 年）运用 k-means 算法对在线商城的客户进行了细分，并运用 SOM 神经网络对潜在客户进行了识别[62]。程瑞芬（2013 年）运用 k-means算法对保险公司的客户进行了分类，并运用 Apriori 算法对潜在客户进行了识别[63]。Kim Jong Woo 等（2012 年）对客户的购买记录进行了分析，并在此基础之上运用关联规则技术对客户的购买意向进行了识别[64]。Lin Jian Bang 等（2012 年）通过对客户购买保险的历史记录进行分析，并运用关联规则技术对人寿保险的潜在客户进行了发掘[65]。Chang Horng Jinh 等（2007 年）运用关联规则与聚类方法对客户的购买意向进行了分析，在此基础之上对潜在客户进行了识别[66]。朱帮助等（2010 年）将粗糙集方法与 SVM（支持向量机）技术相结合对电子商务流失客户进行了识别[67]。谢娟英等（2010 年）将 F-score 方法与 SVM 对社交网站用户的特征进行了分析，并对其中的活跃客户进行了识别[68]。Li Jun，Xin Deqiang（2009 年）运用 SVM 技术对存在着较大信用风险的信用卡用户进行了识别[69]。Xia Taiwu（2012 年）运用 LS-SVM（最小二乘支持向量机）对潜在流失客户进行了识别，并对客户的流失行为作了预测[70]。

通过总结上述的研究成果可发现：当前主要的客户识别方法主要分为四种基本类型：主观方法（AHP）、回归分析（Logistic 回归分析）方法、数据挖掘方法（决策树等）以及人工智能方法（SVM 等），见表 1-3。

表 1-3　客户识别方法分类表

类　别	方　法	研　究　者
主观方法	AHP、FAHP	林柳青、Cheng Xuan 等
回归分析	Logistic 回归分析	顾光同等
数据挖掘方法	决策树及其改进方法	陈峰等
	k-means、聚类	Hong Taeho 等
	关联规则、Apriori	程瑞芬等
人工智能方法	SVM 及其改进方法	朱帮助等
	SOM 神经网络	Hong Taeho 等

总结上述研究可知：(1) 当前主要采用 RFM 模型及其变化形式、客户活跃度等指标对客户进行识别与分类，这些指标可有效的对潜在流失客户以及流失客户进行识别，但是无法对客户所处的生命周期阶段进行有效的识别，如 RFM 模型等无法对处于成长期的客户进行识别。因此，在现有的研究基础之上，如何将客户生命周期理论与动态客户关系理论相结合以获取客户所处生命周期阶段的识别指标是本书的重点研究任务之一。(2) 在当前的客户识别方法中，AHP 分析法具有较大的主观性，Logistic 回归分析等回归方法对客户状态较多情形的客户识别显得有些力不从心。决策树、聚类等数据挖掘方法侧重对客户群体的划分与识别，对客户的识别效果并不理想。SVM 支持向量机、SOM 神经网络等人工智能算法存在数据量要求高、计算过程复杂、普适性差等问题，对于具有模糊型及不确定性的数据处理效果不理想等问题。因此，在客户所处生命周期阶段的识别指标基础之上找到对其识别方法也是本书的研究重点。

三、客户行为分析研究现状

(一) 客户特征行为提取

夏国恩（2008 年）运用核主成分分析的方法对流失客户的共性特征进行了提取，得到了客户流失的判定规则[71]。Zhao Xin 等（2009 年）将核主成分分析方法与 SVM 相结合对流失客户的行为特征进行了提取[72]。Idris Adnan 等（2012 年）运用主成分分析方法从电信客户众多的行为属性中提取影响客户流失的特征行为属性[73]。李冰（2012 年）首先运用相关分析剔除客户行为中有强线性相关性的行为属性，然后运用粗糙集方法对剩下的冗余行为属性进行剔除，最终获得客户群的共性行为属性[74]。曾珠等（2013 年）将粗糙集与 BP 神经网络技术相结合对影响汽车状态的客户特征行为进行了提取[75,76]。王锐等（2014 年）运用基于信息熵的属性约简方法对影响电信客户状态的特征行为进行了提取[77]。王虎等（2014 年）运用粗糙集对汽车客户的行为属性进行了约简，从中提取了影响汽车售后服务的客户特征行为[78]。王虎等（2009 年，2012 年）运用云模型对客户群的共性特征行为进行了提取[79,80]。张志宏等（2010 年）设计了一种基于遗传算法的多种群客户行为特征提取算法，对不同客户群体的购买行为知识进行了发掘[81,82]。路晓伟等（2005 年）运用本体论的方法对客户的特征行为进行了提取[83]。Li Nan 等（2008 年）定义了电子商务环境下的客户本体，运用本体论对客户的特征行为进行了提取[84,85]。

总结上述研究成果可发现：当前主要的客户特征行为提取方法主要有主成本分析、核主成分分析、粗糙集等方法，见表 1-4。

表 1-4 主要的客户特征行为提取方法

方 法	研 究 者
主成分分析、核主成分分析	夏国恩、Idris Adnan 等
粗糙集	王虎、李冰等
云模型	王虎等
遗传算法	张志宏等
本体论	路晓伟等

（二）客户行为的相似性度量

客户行为相似性度量的本质为对象间的相似性度量，目前，关于此方面的研究主要有：蔡波斯等（2013 年）通过主成分分析法从微博用户的行为属性中提取用户的特征行为属性，运用欧氏距离对微博用户之间的特征行为相似性进行了度量，从而对用户的社交圈进行识别[86]。Huang Zicheng 等（2009 年）运用欧氏距离对网上商城用户的购买行为的相似性进行了度量，以此对潜在客户进行服务推荐[87]。张文达（2013 年）运用海明距离对不同电信客户的通话行为模式间的相似度进行了度量[88]。Y. J. Park 等（2009 年）在进行案例推理时，运用明可夫斯基距离对案例间的相似性进行度量[89]。袁书寒等（2012 年）运用夹角余弦对地理位置相近的社交网络客户的行为相似性进行了度量[90,91]。Zhao Yaohong 等（2012 年）在信息检索过程中，运用夹角余弦等向量距离度量方法对用户评论的相似性进行了度量[92]。Mukhopadhyay 等（2008 年）运用一种改进的相关系数方法对不同客户购买行为的相似性进行了度量，在此基础之上对购买行为相似度较高的客户进行产品推荐[93]。赵长宽等（2014 年）运用余弦夹角对博客用户好友间的交互行为的相似性进行了度量，在此基础之上对用户的朋友圈进行了识别[94]。李军威（2010 年）提出了一种基于模糊隶属函数的相似度计算方法[95]。张凌宇等（2013 年）提出了一种基于向量空间的模糊概念相似度计算方法[96]。张佳乐等（2014 年）运用模糊相似性度量的方法对客户行为的相似度进行了度量并结合客户对商品评分的相似性，从而得到基于客户行为及客户评分双重相似度的推荐规则[97]。J. H. Park 等（2013 年）运用直觉模糊集对不同对象间的模糊相似性进行了度量[98]。吴立云等[99]（2011 年）运用加权灰色关联系数对备选供应商与企业设定的理想供应商之间的相似度进行了度量。

总结上述研究成果可发现：当前主要的客户行为相似性度量方法主要有海明距离、欧氏距离、夹角余弦等方法，见表 1-5。

表 1-5 主要的客户行为相似性度量方法

方 法	研 究 者	特 点
欧氏距离	蔡波斯等	个体与个体间的相似性度量
明可夫斯基距离	Y. J. Park 等	
海明距离	张文达	
夹角余弦	袁书寒等	向量间的相似性度量
关联系数	Mukhopadhyay 等	
模糊相似度	李军威等	具有模糊特点的对象间的相似性度量
灰色关联系数	吴立云等	

（三）客户行为分析的研究现状

姚金峰等[100]（2007 年）运用关联规则等数据挖掘方法对购物网站客户的访问数据以及历史购买行为数据进行了分析，在此基础之上对客户的购买行为进行了预测。秦二娃等（2012 年）通过对淘宝网上的新客户及老客户的购买行为差异进行分析，得到影响客户购买行为的影响因素[101]。李纯青等（2011 年）将马尔可夫技术与 NBD 模型相结合对商业银行客户的购买行为进行了预测[102]。Liu Yan 等（2010 年）运用结构方程对购买网络电子服务的客户的行为数据进行分析，找到了影响客户购买网络电子服务意图的因素[103]。Hyung Jun Ahn 等（2010 年）通过对客户的历史购买行为进行评分，建立了基于客户购买行为评分的 agent 模型，并对客户的购买行为进行预测[104]。Guo Lei 等（2013 年）分析了消费环境变化及客户特征变化对客户购买行为的影响，在此基础之上运用贝叶斯推理方法对客户的购买行为进行了动态预测[105]。王观玉等[106]（2011 年）、应维云[107]（2012 年）对企业流失客户的消费行为数据进行了分析，在此基础之上分别采用 PCA-SVM 模型与随机森林模型对客户流失进行了预测。Yan Pan 等（2009 年）对沉寂型客户以及流失客户的行为进行了分析，并运用决策树技术对客户由沉寂型客户转变为流失型客户的概率进行了计算[108]。Kisioglu 等（2011 年）对土耳其电信企业的流失客户的行为进行了分析，并提取了流失客户的行为特征，在此基础之上运用贝叶斯信念网络对客户的流失行为进行了预测[109]。Modani 等（2013 年）对电信客户的通话记录进行了分析，运用数据挖掘技术分析了电信客户流失行为的识别指标[110]。陈英（2008 年）将面向属性的归纳方法与 k-means 算法相结合，对客户的行为进行分析，并在此基础上对客户进行了细分[111]。季霈易（2012 年）运用模糊聚类分析技术对快速消费品行业的客户行为进行分析[112]。姚晓辉、胡源等（2013 年）运用大数据处理技术对客户标注行为标签，以此对客户进行细分[113]。Hwang 等（2007 年）对客户的门诊、购买药物等进行了分析，在此基础之上对韩国的互联网健康信息市场中的客户进行了细分[114]。H. L. Wang（2008 年）基于客户的购买行为，运用无监督的聚类算法对客户进行了细分[115]。Zheng D（2013 年）对证券行业中沉寂客户的交易行为进行了分析，再运用模糊聚类方法根据客户的价值对证券行业沉寂客户进行了细分[116]。

总结上述的研究可知，客户行为分析主要应用于以下的领域，见表 1-6。

表 1-6　客户行为分析的主要应用领域

应用领域	相关研究者
客户的购买预测	姚金峰、李纯青等
客户的流失预测	应维云、Kisioglu 等
客户的细分	陈英、Huang 等

通过上述的研究成果可知：当前对客户行为分析的研究主要集中于客户的购买行为预测，客户的流失行为预测以及利用客户行为对客户进行细分等领域，关于客户群所对应标准客户的塑造的研究几乎没有。因此，利用客户的行为数据构建出客户群对应的标准客户是本书的研究重点内容之一。

四、客户价值研究现状

（一）客户价值的概念及构成

Zaithaml（1998 年）认为客户价值即客户感知价值，是客户为了获取其能感知的利益，在经过权衡其为获取企业的产品或服务所支付成本后，对企业所提供的产品或服务所作出的总体评价[117]。Kotler(1997 年）从客户让渡价值的角度出发对客户价值进行定义，认为客户价值是客户总价值与客户总成本之差[118]。Blattberg 等（1996 年，2001 年）从客户资产角度出发对客户价值进行了界定，认为客户价值是客户作为企业资产在未来能带来的收益的期望值[119,120]。Barbara Jackson（1985 年）从整个客户关系生命周期的角度出发对客户价值进行了定义，认为客户价值是客户在生命周期内为企业带来的收益的净现值[121]。Gupta 等(2004 年）则认为，客户价值是客户在其生命周期内能为企业带来的净利润的折现值[122]。Berger 等（1998 年）认为客户价值是在整个客户与企业的交易周期内，企业从交易中获得的净利润或净损失[123]。周娜[124]（2003 年)、Rust[125](2004 年)、齐佳音[126](2005 年)、刘志强[127](2008 年）认为客户价值是客户当前为企业所贡献的现金流以及在未来为企业贡献现金流的总体能力，客户价值由客户的当前价值以及客户的潜在价值两个部分组成。

总结上述的相关研究可以发现，当前的学者主要从企业、客户两个角度出发对客户价值进行了定义，见表 1-7。

表 1-7　客户价值的主要研究视角

研究视角	研 究 者	观 点
客户	Zaithaml	客户价值即客户感知价值
	Kotler	客户价值是客户让渡价值
企业	Blattberg	客户价值即客户资产，客户在未来能为企业带来的收益
	Jackson、Gupta 等	客户价值是客户生命周期价值，即：在客户生命周期内，客户为企业带来的净利润
	齐佳音、Rust 等	客户价值是客户当前为企业所贡献的现金流以及在未来为企业贡献现金流的总体能力，由当前价值以及潜在价值两个部分组成

（二）客户价值的度量

从企业的角度出发，客户的价值是客户在当前时期以及在其生命周期内能够为企业带来的利润之和。根据这个概念内涵，Jackson（1985 年）运用传统的净现值分析的思路得到了客户价值的计算公式[121]：

$$CV = \sum_{i=0}^{T} \frac{S_i}{(1+d)^i} \tag{1-1}$$

式中　S_i——第 i 时期客户为企业贡献的利润；

d——折现率；

T——客户的生命周期长度。

Berger 等[123]（1998 年）在 Jackson 的客户价值计算模型的基础之上，加入了客户保持率。Blattberg 等[119]（2001 年）在 Jackson 的研究基础之上，引入了企业获得客户时的收益，保持客户收益以及额外收益得到了客户资产的度量模型。王素芬等（2002 年）在 Jackson 的计算公式的基础之上，结合离散交易行为的特点，得到了离散交易行为下的客户价值计算方法[128]。匡奕球（2003 年）在 Jackson 的研究基础之上，引入了客户生命周期阶段的利润及成本信息[129]。

综上所述，当前有关客户价值度量方法均是在 Jackson（1985 年）提出的计算公式基础之上引入不同的参数所得到，见表 1-8。

表 1-8　客户价值度量的主要研究领域

领域	成　　果	研 究 者
客户价值的计算方法	运用传统的净现值分析的思路得到客户价值的基本计算公式	Jackson（1985 年）
	在 Jackson 的客户价值计算公式基础上引入客户保持率	Berger 等（1998 年）
	在 Jackson 的客户价值计算公式基础上引入获得客户时的收益，保持客户收益以及额外收益。	Blattberg 等（2001 年）
	在 Jackson 的客户价值计算公式的基础之上考虑了离散型交易行为	王素芬等（2002 年）
	在 Jackson 的客户价值计算公式的基础之上引入了不同客户生命周期阶段的利润与成本	匡奕球（2003 年）

通过上述的研究成果可知：（1）若从企业的研究视角出发，客户价值、客户生命周期价值以及客户资产等概念的基本内涵基本一致。（2）Jackson 提出的客户价值的计算公式为客户价值计算的基本公式。（3）客户的生命周期时长是客户价值度量公式中的关键参数。

五、客户剩余生命周期度量的研究现状

从上述的研究中可以发现：客户的生命周期时长对客户价值有重要的影响，是客户价值度量公式中的关键参数。而客户剩余生命周期（即客户由当前状态到流失之前所经历的时间）的计算是客户生命周期度量的关键，当前关于客户剩余生命周期的度量模型主要是 Pareto/NBD 模型及其扩展模型。

（一）Pareto/NBD 模型

Schmittlein 等[130]（1987 年）提出了 Pareto/NBD 模型用于对非契约交易情形的客户的购买次数进行预测。在 Pareto/NBD 模型中存在五个基本假设：

（1）客户的购买次数服从泊松分布，即客户的购买次数是以购买率 λ 为参数的泊松分布。

（2）个体客户的购买率 λ 存在差异，但客户购买率的差异服从伽马分布。

（3）客户的生存时间服从指数分布，即客户的生存时间服从以流失率 μ 为参数的指数分布。

（4）个体客户的流失率 μ 存在差异，但客户流失率的差异服从伽马分布。

（5）客户的购买率与流失率相互独立。

在非契约交易情形下，客户随时可能会流失，所以客户的生存时间以客户的购买次数的形式来体现。Pareto/NBD 模型可以通过客户的购买频率以及最后一次购买时间预测出客户在未来时期内的购买次数，在此基础之上结合上述的客户价值度量方法可计算出客户的价值。马少辉等[131,132]（2006 年，2007 年）、王浩[133]（2009 年）、Glady Nicolas 等[134]（2009 年）、Guo Yanhong 等[135]（2013 年）在 Pareto/NBD 模型基础之上，对非契约交易情形的客户价值进行了度量。

（二）Pareto/NBD 模型扩展

由于 Pareto/NBD 模型的假设中客户的流失率服从指数分布，即客户随时可能流失，同时客户流失的差异服从伽马分布，这导致客户的生命周期的计算以及购买次数的预测非常复杂。因此，Fader 等（2005 年）对 Pareto/NBD 模型进行了简化，将客户流失率假设由指数分布改为由几何分布，因此大大简化了模型的计算复杂度，得到了 BG/NBD 模型[136]，其基本假设为：

（1）客户的购买次数服从泊松分布，即客户的购买次数是以购买率 λ 为参数的泊松分布。

（2）个体客户的购买率 λ 存在差异，但客户购买率的差异服从伽马分布。

（3）认为客户在每次重复购买后的流失概率为 p，客户流失时间点服从几何分布。

（4）个体客户的流失率 μ 存在差异，但客户流失率的差异服从贝塔分布。

（5）客户的购买率与流失率相互独立。

X. N. Wang（2009 年）运用 BG/NBD 模型对电子商务客户的价值进行计算[137]。Y. C. Tang 等（2010 年）运用 BG/NBD 模型对网上 VCD 销售的客户的价值进行了计算[138]。郭艳红等（2013 年）通过大连友好商城客户数据对 BG/NBD 模型进行了实证[139,140]。

Fader(2010 年）等[141] 在 BG/BB 模型基础之上做出了进一步的简化，将 BG/NBD 模型里客户购买假设中的泊松分布改为二项分布，得到了 BG/BB 模型，其基本假设为：

（1）个体客户在每次购买时机到来时，决定购买的概率为 θ，其购买概率服从二项分布。

（2）个体客户的购买率 λ 存在差异，但客户购买率的差异服从伽马分布。

（3）认为客户在每次重复购买后的流失概率为 p，客户流失时间点服从几何分布。

（4）个体客户的流失率 μ 存在差异，但客户流失率的差异服从贝塔分布。

（5）客户的购买率与流失率相互独立。

当前，主要的客户剩余生命周期度量模型见表 1-9。

表 1-9　主要的客户剩余生命周期度量模型表

领　域	成　　果	代表人物
客户剩余生命周期的度量	提出 Pareto/NBD 模型对客户未来的购买次数进行预测	Schmittlein 等（1987 年）
	对 Pareto/NBD 模型进行简化得到 BG/NBD 模型	Fader 等（2005 年）
	对 BG/NBD 模型进行简化得到 BG/BB 模型	Fader 等（2010 年）

通过上述的研究成果可知：（1）Pareto/NBD 模型及其扩展模型主要通过预测未来的客户购买次数来推断客户的剩余生命周期，即用客户未来的购买次数来表示客户的剩余生命周期，所以 Pareto/NBD 模型及其扩展模型不太适合交易次数密集情形（如移动通信客户每日的通话次数较多的情形）下的客户价值度量。（2）Pareto/NBD 模型及其扩展模型并未考虑到客户所处的生命周期阶段对客户剩余生命周期的影响。（3）Pareto/NBD 模型及其扩展模型只能预测某个客户群体在未来某个时间段内的平均购买次数，无法预测客户个体在未来的购买次数，即 Pareto/NBD 模型及其扩展模型无法预测个体客户的剩余生命周期。

六、国内外研究现状评述

本书对客户生命周期理论研究现状（包括客户生命周期的概念及阶段划分，客户生命周期理论的应用），客户识别研究现状（包括客户识别指标，客户识别方法），客户行为分析研究现状（包括客户特征行为提取，客户行为相似性度量以及客户行为分析的应用现状），客户价值的研究现状（包括客户价值的概念，客户价值的度量）及客户剩余生命周期的度量等相关领域的国内外的研究文献进行了梳理。

综合国内外的相关研究成果可知，目前学者们在客户生命周期理论、客户识别、客户行为分析、客户价值以及客户的剩余生命周期度量等领域均进行了一些基础性的研究，且在部分领域（如客户生命周期的概念及阶段划分、客户行为相似性度量等领域）的研究较为成熟，为本书的研究提供了铺垫，但在一些关键领域的研究还不成熟，存在以下问题亟待解决。

（1）在客户生命周期理论的应用研究中，往往假定客户所处的生命周期阶段已知，但在实际情形中，个体客户所处的生命周期阶段往往是未知的。而当前关于客户所处生命周期阶段的识别的相关研究比较少。客户生命周期阶段的识别的本质是客户的识别问题，在客户识别领域，当前主要通过客户最近一次购买时间的间隔（R），客户的交易频率的大小（F）和客户的交易额的大小（M）这三个指标对客户进行识别，但这三个指标并不能对个体客户所处的生命周期阶段进行有效的识别。因此，确定个体客户生命周期阶段的识别指标与方法是本书重要的研究内容。

（2）客户生命周期理论将整个客户关系发展过程划分为接触期、成长期、成熟期、衰退期以及流失期等若干阶段，并认为客户生命周期是一个顺序的单向的过程，即认为在客户生命周期中不能出现由下一个阶段重新回到上一个阶段的情形。但是在实际情形中，客户关系的发展往往是个动态的过程，即存在着客户关系由生命周期的一个阶段回到前一阶段等情形（如客户由衰退期重新回到成熟期）。传统的客户生命周期理论并未对这些情形进行考虑，因此对生命周期各阶段客户的状态转化过程进行分析是本书的研究重点之一。

（3）综合国内外关于客户价值的研究可知：个体客户的剩余生命周期（即客户从当前状态到流失之前所经历的时间）对个体客户价值的大小有重要影响，但由于个体客户的交易行为以及流失具有较大的随机性，所以个体客户的剩余生命周期难以直接计算，需要借助个体客户所在客户群的平均剩余生命周期来计算。当前，主要的客户群的平均剩余生命周期度量的方法为 Pareto/NBD 模型及其扩展模型。其主要思想是通过预测未来的客户购买次数来推断客户的剩余生命周期，即用客户未来的购买次数来表示客户的剩余生命周期。但 Pareto/NBD 模型及其扩展模型存在如下问题：1）不太适用于交易次数密集情形（如移动通信客户每日的通话次数较多的情形）。2）并未考虑到客户所处生命周期阶段对客户剩余生命周期的影响。所以，结合生命周期各阶段客户的状态转化过程对生命周期各阶段客户的平均剩余生命周期进行计算是本书的重点研究内容。

（4）当前国内外的研究很少涉及个体客户剩余生命周期的计算这一问题，而个体客户的剩余生命周期对个体客户的价值的度量具有重要的影响，是企业为个体客户提供服务的重要决策依据，所以对个体客户剩余生命周期的计算有重要的意义。而个体客户的剩余生命周期难以直接计算，需要借助该客户所在客户群的平均剩余生命周期来度量。在此过程中需要对个体客户与客户群的标准客户之间的行为相似性进行度量，然后在标准客户的剩余生命周期（客户群的标准客户的剩余生命周期即为客户群的平均剩余生命周期）的基础之上结合个体客户与标准客户之间的行为相似度，可求得个体客户的剩余生命周期。在此过程中，标准客户的塑造是关键步骤。目前关于这方面的研究较少，因此根据客户的行为数据塑造出生命周期各阶段的标准客户，并在此基础之上测算出个体客户的剩余生命周期是本书的研究重点。

第三节　客户剩余生命周期度量中的关键问题及研究思路

一、拟解决的关键问题

（1）个体客户所处生命周期阶段的识别指标的确定，各识别指标权重的计算以及个体客户所处生命周期阶段的识别方法的提出。

（2）生命周期各阶段客户的状态转化空间的确定，生命周期各阶段客户的状态转化过程的分析，生命周期各阶段客户状态转化概率矩阵的计算以及生命周期各阶段客户的平均剩余生命周期的计算。

（3）生命周期各阶段标准客户的塑造，个体客户与相应标准客户之间行为相似性的度量以及个体客户剩余生命周期的度量。

二、研究内容

本书共分为八章，主要内容如下：

（1）导论。主要通过对国内外相关学者在客户生命周期理论、客户行为分析、客户识别、客户价值、客户剩余生命周期度量等方面的研究现状进行分析，掌握国内外相关领域的最新研究进展与不足。以此引出本书的研究内容框架，厘清研究内容与研究方法、技术路线之间的关系，为后续章节的撰写奠定基础。

（2）相关理论基础。主要对本研究中所涉及的客户交易情形理论、客户生命周期理论、客户关系动态管理理论、客户行为分析理论以及客户价值理论等基本理论进行介绍，为后续研究的开展打下理论铺垫。

（3）个体客户所处生命周期阶段的识别。运用客户生命周期理论分析生命周期各阶段客户的特点，在此基础之上提出个体客户生命阶段的识别指标，运用粗糙集中的属性重要度计算方法确定各识别指标的客观权重，结合专家经验给出的主观权重得到各指标的综合权重。以各识别指标为基本证据，运用证据推理方法，结合客户在各识别指标上的取值对客户当前所处的生命周期阶段进行识别。

(4) 生命周期各阶段客户平均剩余生命周期的度量。对生命周期各阶段客户的状态转化情形进行分析，确定生命周期各阶段客户的状态转化空间，运用带单侧吸收壁的马尔可夫链对生命周期各阶段客户的状态转化过程进行分析。在此基础之上，结合生命周期各阶段客户的状态转移数据计算生命周期各阶段客户状态转化的概率矩阵；然后，运用马尔可夫链中的首次通过时间的计算方法对生命周期各阶段客户的平均剩余生命周期进行了计算。

(5) 个体客户剩余生命周期的度量。首先运用粗糙集方法从众多客户的行为属性中提取出生命周期各阶段标准客户的特征行为属性项，然后运用贝叶斯理论确定生命周期各阶段标准客户在各特征行为属性项上的取值，以此完成生命周期各阶段标准客户的塑造。此时，各标准客户的剩余生命周期与对应的生命周期各阶段客户的平均剩余生命周期相同，如成长期标准客户的剩余生命周期等于成长期客户的平均剩余生命周期。然后，运用模糊贴近度的计算方法对个体客户与相应标准客户之间的行为相似度（如成长期客户与成长期标准客户间的行为相似度）进行计算，在此基础之上结合标准客户的剩余生命周期对个体客户的剩余生命周期进行度量。

(6) 电信行业个体客户剩余生命周期度量实例。以某电信企业的客户数据为基础，对个体客户剩余生命周期的度量模型的计算过程进行了验证；并将其应用于电信个体客户价值的度量之中；最后，根据客户的当前价值、潜在价值以及客户当前所处生命周期阶段，对客户进行分类，并给出相应的客户管理策略。

(7) 客户价值及客户生命周期双视角下的客户管理策略。对基于客户生命周期的客户价值计算方法进行了探讨；运用 DEMATEL 方法对生命周期各阶段影响客户价值的因素进行了分析；最后，提出了客户生命周期及客户价值双视角下的客户分类管理策略。

(8) 总结与展望。对全书进行总结与分析，指出本书的主要学术贡献以及主要创新之处，并提出有待进一步研究的问题与方向。

三、研究方法

在本书的研究中，主要使用了粗糙集、证据推理、马尔可夫链、模糊集以及贝叶斯理论等研究方法。

(1) 粗糙集。1）运用粗糙集中的属性重要度计算方法对客户生命周期阶段识别指标的客观权重进行计算，并利用粗糙集中的决策规则强度的计算方法结合客户在各识别指标上的取值计算出客户在各识别指标上的证据支持度。2）运用粗糙集中的信息熵约简算法从众多的客户行为属性中提取生命周期各阶段标准客户的特征行为属性。

（2）证据推理。以客户生命周期阶段的识别指标为基本证据，运用证据合成算法，结合客户在各识别指标上的证据支持度对个体客户所处生命周期阶段进行识别。

（3）马尔可夫链。1）运用马尔可夫链对客户从形成阶段开始到流失阶段结束这一过程进行分析，将上述客户生命周期过程构建为以形成阶段为起始，以流失阶段为吸收壁的带单侧吸收壁的齐次马尔可夫链，并确定每个阶段的状态转移空间，依据客户的状态分布（即：在某一时刻，处于某个状态的客户的数量），确定某个时间段内客户的平均状态转化概率（即：在该时间段内，客户由某个状态转化为其他状态的平均概率），以形成客户状态转化概率矩阵。在此基础之上运用马尔可夫过程中的第一次通过时间的计算方法，对生命周期各阶段客户的平均剩余生命周期（即：处于生命周期某个阶段的客户由当前阶段到达流失阶段所经历的时间）进行计算。2）根据客户当前所处的生命周期阶段以及客户状态转化概率矩阵，运用马尔可夫链中的 *C-K* 方程计算出客户在其剩余生命周期内每个时期客户为企业所贡献的利润的期望值，在此基础之上最终求得个体客户的价值。

（4）贝叶斯理论。运用贝叶斯理论中的条件概率的计算方法，计算出生命周期各阶段标准客户在各特征行为属性项上的取值。

（5）模糊集。运用模糊集中模糊贴近度的计算方法，对个体客户与相应标准客户间的行为相似度（如：成长期客户与成长期标准客户间的行为相似度）进行计算，在此基础之上结合标准客户的剩余生命周期，计算出个体客户的剩余生命周期。

四、研究思路与技术路线

（一）研究思路

个体客户的剩余生命周期对个体客户价值的度量有着重要的影响，但由于个体客户与企业之间的交易行为具有较大的随机性。因此，很难直接对个体客户的剩余生命周期进行度量。鉴于此，本书首先对个体客户所处的生命周期阶段进行识别；接着，通过对生命周期各阶段客户的状态转化过程进行分析，确定生命周期阶段个体客户的状态转化概率矩阵，并在此基础之上可计算出生命周期各阶段客户的平均剩余生命周期；然后，塑造出生命周期各阶段的标准客户，此时，生命周期各阶段标准客户的剩余生命周期等于生命周期各阶段客户的平均剩余生命周期，在此基础上，通过个体客户与对应的标准客户之间的行为相似度可计算出个体客户的剩余生命周期；最后，将个体客户的剩余生命周期作为参数代入客户价值的计算公式，即可算得个体客户的价值。基于此，结合个体客户所处的生命周期阶段信息，企业可对客户进行分类，并制定出相应的客户管理策略。其具体思路如下：

(1) 在相关国内外研究基础之上，结合客户交易情形理论、客户生命周期等基本理论对生命周期各阶段的客户的特点进行分析，提出客户生命周期阶段的识别指标，并运用粗糙集中的属性重要度方法计算出各识别指标的客观权重，结合专家经验对给出的主观权重合成了各识别指标的综合权重。以各识别指标为证据，运用决策规则强度的计算方法结合客户在各识别指标上的取值计算出各证据的支持度，运用证据推理算法对各证据进行合成，最终推断出个体客户所处的生命周期阶段。

(2) 运用客户生命周期理论以及动态客户关系管理理论对生命周期各阶段客户的状态转化情形进行分析，确定生命周期各阶段客户的状态转化空间，构建出生命周期各阶段客户的状态转化过程。依据客户的状态分布（即：在某一时刻，处于某个状态的客户的数量），计算出在某段时间内的客户状态转化概率矩阵。在此基础之上运用马尔可夫过程中的首次通过时间的计算方法对生命周期各阶段客户的平均剩余生命周期进行计算。

(3) 运用 Pearson 相关系数从众多的客户行为属性中剔除相互之间具有强线性相关性的行为属性项，然后运用粗糙集中的信息熵约简算法从剩余的客户行为属性中提取生命周期各阶段标准客户的特征行为属性。最后，运用贝叶斯理论中条件概率的计算方法计算出生命周期各阶段的标准客户在各特征行为属性项上的取值以完成生命周期各阶段标准客户的塑造工作，此时，生命周期各阶段标准客户的剩余生命周期等于生命周期各阶段客户的平均剩余生命周期。

(4) 根据步骤 (1) 中得到的个体客户当前所处的生命周期阶段，运用模糊集中模糊贴近度的计算方法对个体客户与相应标准客户间的行为相似度（如：成长期客户与成长期标准客户间的行为相似度）进行计算，在此基础之上结合标准客户的剩余生命周期，计算出个体客户的剩余生命周期。

(5) 根据客户当前交易额以及客户服务成本数据计算出客户的当前价值，在此基础之上结合步骤 (1) 中得到的个体客户当前所处的生命周期阶段以及步骤 (2) 中得到的客户状态转化概率矩阵，运用马尔可夫链中的 *C-K* 方程可计算出客户在其剩余生命周期时间内每个阶段的利润贡献的期望值；然后，结合步骤 (4) 中算得的个体客户的剩余生命周期，运用 Jackson 的客户价值计算公式算出个体客户的潜在价值；最后将客户的当前价值与潜在价值相结合，即可得到个体客户的价值。从客户当前价值、潜在价值以及客户所处生命周期阶段等三个维度对客户进行分类，并针对每一类客户提出相应的管理策略。

(二) 技术路线

上述的研究思路，可通过下面的技术路线图来表现，如图 1-1 所示。

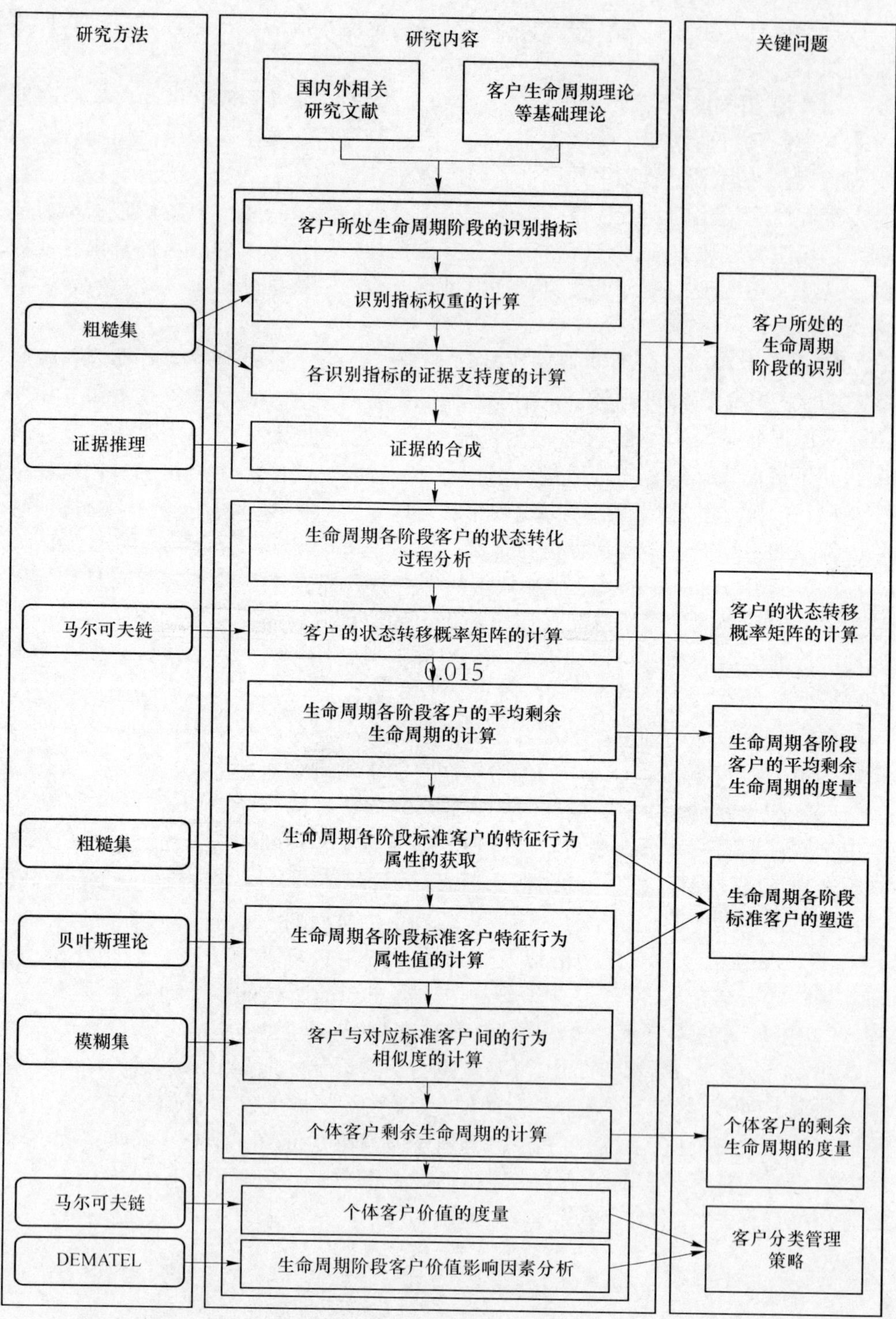
研究方法
研究内容
关键问题
国内外相关
研究文献
客户生命周期理论
等基础理论
客户所处生命周期阶段的识别指标
识别指标权重的计算
各识别指标的证据支持度的计算
证据的合成
粗糙集
证据推理
客户所处的
生命周期
阶段的识别
生命周期各阶段客户的状态转化
过程分析
马尔可夫链
客户的状态转移概率矩阵的计算
客户的状态转移
概率矩阵的计算
生命周期各阶段客户的平均剩余
生命周期的计算
生命周期各阶段
客户的平均剩余
生命周期的度量
粗糙集
生命周期各阶段标准客户的特征行为
属性的获取
贝叶斯理论
生命周期各阶段标准客户特征行为
属性值的计算
生命周期各阶段
标准客户的塑造
模糊集
客户与对应标准客户间的行为
相似度的计算
个体客户剩余生命周期的计算
个体客户的剩余
生命周期的度量
马尔可夫链
个体客户价值的度量
DEMATEL
生命周期阶段客户价值影响因素分析
客户分类管理
策略

图 1-1　技术路线图

第二章　相关理论基础

第一节　交易情形理论

企业与客户之间的交易情形主要分为：契约交易情形、非契约交易情形以及半契约交易情形[142]，下面分别说明上述三种情形下企业与客户之间的交易特点。

一、契约交易情形

在契约交易情形下，客户与企业之间的交易会受到双方达成的契约的有效约束，客户具有较大的流失障碍，客户与企业之间的关系较为稳定。此种交易情形具有以下的特点：

（1）客户与企业达成契约后，客户需要向企业支付所有契约期内所有的交易费用（如在报刊杂志的订阅业务中，客户需要向企业一次性支付半年或一年的订阅费用），然后，客户才能使用企业的产品或服务。因此，在企业与客户签订契约后，企业能获得的收益就可被确定。

（2）由于客户已向企业支付了所有的交易费用，所以在契约期内，客户几乎无法流失，客户关系非常稳定。

（3）客户与企业的交易严格受契约期的限定。如健身卡用户在卡到期前，必须消费完所有的健身次数。

（4）企业可及时判断出客户是否流失。若契约到期后，客户不愿与企业签订新的契约，此客户即可被视为流失客户。

（5）由于客户已预先支付了所有的费用，所以客户关系发展的并不具备明显的生命周期阶段特点，即客户关系的发展趋势并不明显遵循“考察期→成长期→成熟期→衰退期→流失期”这一脉络。

（6）客户的生命周期（即客户从与企业建立契约到最终流失所经历的时间）比较容易通过契约期求和的方式求取。

（7）客户的生存时间越长，企业获得的收益越大。

在现实中，常见的契约交易情形有：报刊杂志的订阅业务、汽车保险业务以及健身卡等会员卡消费业务等。

二、非契约交易情形

在非契约情形下，客户与企业之间的交易无任何约束，客户的转移成本很小，客户与企业之间的关系稳定性差。此种交易情形具有以下的特点：

（1）个体客户与企业之间的交易具有较大的不确定性。如在普通超市零售这一典型的非契约交易情形下，顾客的购买时间、购买金额等都具有很大的随机性，企业无法事先确定。但是，企业能够掌握个体客户的历史交易数据。

（2）个体客户的流失具有很大的不确定性，即企业无法明确判断某个客户是否已流失，只能将长时间未与企业产生交易的客户视为流失客户。

（3）客户与企业之间的关系发展并没有明显的生命周期阶段性特点，即客户关系的发展并不遵循“考察期→成长期→成熟期→衰退期→流失期”这一脉络。

（4）对于个体客户而言，其与企业间关系的发展具有较大的随机性，所以个体客户的剩余生命周期难以直接计算，这也导致个体客户的价值难以直接估算。

现实中，主要的非契约交易情形有：普通超市零售业务、淘宝等网络购物模式等。

三、半契约交易情形

在半契约交易情形下，客户与企业之间的交易会受一定的约束，客户具有一定的流失障碍，客户与企业之间的关系相对稳定。此种交易情形具有以下的特点：

（1）客户必须与企业签订正式的合作协议后，客户才能与企业进行交易，如移动用户必须与电信企业签订入网协议后，用户才能进行通话、上网等消费活动。

（2）客户与企业在签订合作协议时，往往会受到最低消费的约束（如：电信企业为移动用户所提供的服务套餐往往有最低消费额的限制），此部分费用是客户为了与企业建立契约关系付出的固定支出，企业可预知此部分费用所带来的收益。

（3）除了最低消费带来的收益外，客户往往会因超量使用契约约定的产品或服务，需要向企业支付超额费用（如手机用户超过套餐规定的上网流量部分需要单独计费）。而由此部分消费为企业所带来的收益，企业是无法预知的，因此企业从客户获得的收益具有一定的不确定性。

（4）客户需要办理相应的手续才能结束与企业之间的合作关系，如移动用户需办理离网手续后才能正式终止与电信企业之间的合作关系，银行用户需办理销户手续后才能正式结束与银行之间的合作关系。

(5) 客户与企业之间的关系具有较为明显的生命周期阶段特点，即客户关系的发展趋势大体遵循“考察期→成长期→成熟期→衰退期→流失期”这一脉络，因此客户的生命周期时间可以被预测。

(6) 客户的剩余生命周期时间越长，企业获得的收益越大。

在现实中，常见的半契约交易情形有：移动通信业务、固定电话业务、银行信用卡业务等。

四、三种交易情形的差异

通过上述的分析，可总结归纳出契约交易情形、半契约交易情形及非契约交易情形等三种交易情形的特点与差异，见表 2-1。

表 2-1　三种交易情形的比较

交易情形	契约交易情形	半契约交易情形	非契约交易情形
有无契约	有	有	无
客户转移成本	高	较高	低
关系紧密程度	高	较高	低
为企业带来的收益	确定	有一定的不确定性	有较大的不确定性
客户关系的发展趋势	生命周期阶段 特征不太明显	生命周期阶段特征明显	无生命周期阶段特征
客户的流失	容易察觉	容易察觉	难以察觉
客户的剩余生命周期	容易预测	可被预测	预测难度较大
客户剩余生命周期 对客户价值的影响	影响较大	影响较大	难以测算

本书在后续的客户剩余生命周期的度量、客户价值的计算以及相应的客户管理策略等研究中所涉及的交易情形主要是半契约交易情形。

第二节　动态客户关系管理理论

随着市场竞争的日益加剧，企业间的竞争开始逐渐由产品竞争转向客户资源的争夺，客户与企业之间的关系随着竞争环境及时间的变化而变化，传统的客户关系管理理论与方法无法适应新的情形，因此在传统的客户关系管理理论的基础之上诞生了动态客户关系管理理论[143]。

一、动态客户关系管理的内涵

（一）动态客户关系管理的特点

与传统的客户关系管理理论相比较，动态客户关系管理理论具有以下的特点：

（1）企业在关注客户当前为企业所带来的收益的同时（即客户的当前价值），还需要关注在未来客户可能为企业带来的收益（即客户的潜在价值）。并通过未来收益期望贴现的方式对客户的潜在价值进行考量[142]。

（2）从整个客户生命周期的角度出发，对客户关系发展过程进行分析，注重对客户的全生命周期价值进行研究。客户的管理策略也由传统的单一策略演变为生命周期多阶段管理策略的组合，使得整个客户关系管理策略更有针对性与延续性，能够起到较好的效果。

（3）面向未来，注重当前的策略选择对未来收益期望值的影响，追求长期稳定的客户关系。由单纯的只关注企业或客户的单边价值转变为同时重视企业与客户双方的共同利益。

（4）企业在进行客户管理决策时，不仅需要关注当前从客户获得收益，还应关注为了维系与客户间的关系所需要支付的成本。

（二）半契约情形下的动态客户管理

动态客户关系管理的核心在于企业应尽可能地延长客户的剩余生命周期时间，尽量长期保持与客户间的成熟而稳定的合作关系，以此来实现企业受益的最大化。在半契约交易情形之下，企业可通过下面的措施达到上述的目标：

（1）提高客户对企业的忠诚度。通过为客户提供高质量的产品或服务，在客户心目中形成良好的企业形象，以此来提高客户的忠诚度。

（2）在上述措施的基础之上尽可能加大客户的转移成本。通过消费积分等营销方式来提升客户的转移成本，以此来延长客户剩余生命周期。

二、动态客户关系管理的流程

在实施动态客户关系管理之前，企业需要对客户的行为数据进行系统而全面的收集与整理；然后对客户行为数据的变化趋势进行分析，从中提炼客户知识，在客户知识的基础之上，对企业的客户进行细分并形成不同的客户群；最后根据各客户群特点，开展相应的客户关系管理策略[143]。其具体实施流程如下：

（1）客户行为数据的获取。客户行为数据对动态客户关系管理的成功实施有着决定性的影响。离开数据，动态客户关系管理将无法实施。数据的质量对客户关系变化趋势的分析有着极为重要的影响。因此，获取高质量的客户行为数据是企业进行动态客户关系管理的前提。相对非契约交易情形而言，在契约及半契约交易情形下，企业可以相对容易地获取客户的交易行为数据，如电信运营商能够准确地获取某个客户的长途通话时长等客户行为数据。通过分析这些数据，企业可推理出相应的客户知识，为企业的客户细分工作及相应营销策略的选择打下基础。

（2）客户行为数据的动态分析。在通过多途径、多渠道的方式收集客户行为数据后，首先需要对数据进行相应的标准化及规范化预处理，如从众多的数据中剔除其中不完备数据等坏数据，以此做好数据分析的准备；然后，针对客户行为数据的特点，采用粗糙集等知识推理、关联规则等数据挖掘算法，从中提取客户特征。依据客户特征，对客户进行细分，形成一个个客户群体。在不同状态的客户群体的特点之上，采用相应的客户管理策略及营销方式。在对客户行为数据动态分析时应注意对各客户群体的行为变化趋势进行研究，在此基础之上，分析在下一个时期内客户状态的变化，这对客户潜在价值的度量有着重要的意义。

（3）客户关系的动态管理。根据上述流程所提炼的客户知识，结合客户价值理论等客户管理理论，对各客户群体进行分析。从客户当前价值以及客户潜在价值两个维度对客户进行区分，分辨出各种类型的客户群体（如高当前价值、高潜在价值的双高客户等），并区别对待。在客户管理过程中，应用客户生命周期理论对客户的状态可能发生的变化进行分析，并针对这些变化，对企业的产品、服务乃至客户管理策略进行相应的调整，以实现客户管理的动态化。

第三节　客户生命周期理论

生命周期是一种在自然界中普遍存在的生物现象，最初在生物学中用来描述生命体从诞生到死亡这一生命发展过程。一个完整的生命周期通常由诞生、成长、成熟、衰退以及死亡等阶段构成[124]。随着管理理论与管理技术的发展，生命周期理论开始被引入到管理领域，首先生命周期理论被应用于产品管理领域，形成了产品生命周期管理理论[146]；后来，生命周期理论的应用被逐渐推广到品牌管理[147]、客户关系管理等相关领域，分别形成了品牌生命周期理论、客户生命周期理论等管理理论。客户生命周期被用来描述从客户与企业间交易关系建立开始直到交易关系终止这一客户关系发展过程。它可以反映客户关系随时间变化而发生变化的趋势，即客户关系从一个阶段发展到另一个阶段所带来的客户的特征变化；可以清晰地反映客户关系的动态变化。

一、生命周期视角下的客户关系类型

依据企业与客户之间的合作关系的持续时间，可将客户关系分为两类：短期

关系、长期关系。

(1) 短期关系通常为一次性的交易关系。此类交易关系一般具有以下的特点：1）双方的交易持续时间较短。2）企业与客户在交易时，双方几乎并不考虑双方间的交易历史。3）交易双方均以当前收益最大化为目标，并不考虑未来的情形。4）交易双方间的沟通较为有限，双方之间并无建立长期合作关系的意愿。前文中的非契约交易情形大多属于此类型。

(2) 长期关系通常是一个由多次相互关联的交易所构成的持续的交易过程。其中的每一次交易视为一次历史记录。交易双方在交易时，并不会单纯考虑本次收益的最大化，往往会考虑未来的收益。交易双方彼此之间相互了解，相互信任。在此类关系中，企业往往追求的是客户的长期价值。双方追求的是一种长期而稳定的合作关系。前文中的契约交易情形以及半契约交易情形通常属于此类型。

通过上述分析可知，客户生命周期理论研究客户关系类型显然属于短期关系。长期关系有利于降低交易成本，有利于提高交易效率。企业可通过客户的历史交易记录发现客户的交易偏好，并在此基础之上为客户设计个性化的营销方案。

二、客户生命周期的阶段划分

客户生命周期阶段的划分是客户生命周期理论的基础。当前，关于客户生命周期阶段的划分的研究较多，其中代表性的观点主要有“五阶段论”，即将整个客户生命周期划分为考察期、形成期、成长期、成熟期和衰退期等阶段[9]；“四阶段论”，即将客户生命周期划分为考察期、形成期、稳定期以及退化期等阶段[19,20]；“七阶段论”，即将客户的生命周期划分为开拓期、社会化期、成长期、成熟期、危险期、解约期和中断期等阶段[2]。本书在上述研究的基础之上，将客户的生命周期划分为考察期、成长期、成熟期、衰退期和流失期等五个阶段。

(1) 考察期。企业与客户双方间关系的探索阶段。在此阶段，双方之间彼此探索对方的长期客户意向以及在未来可能为自己所带来的收益，考虑在双方建立正式的合作关系之后，双方的权利、职责与义务。在客户方面，客户通常会对企业提供的某种服务或产品发生兴趣，开始收集企业的相关信息，甚至可能会试用企业的某种产品或者体验企业所提供的某种服务，并对企业的营销活动做出反应。在企业方面，企业会开展一些营销活动或者提供产品或者服务的试用机会，以了解具有合作意向的客户信息，并对客户的潜在价值进行评估。在此阶段，由于双方彼此缺乏深入的了解，所以双方之间是否能够建立合作关系存在着一定的不确定性。在契约及半契约交易情形，客户与企业会签订正式的契约，这可被视为此阶段的最基本的特征。

(2) 成长期。企业与客户间关系的快速发展时期。在这一时期，企业与客户双方之间的了解逐渐加深，双方间信任开始建立。交易双方开始从交易中获得较大的收益，双方间的相互依赖程度开始加深。双方开始认可相互之间的长期合作关系，双方对交易风险的承受意愿大大加强。相对于考察期阶段，企业的客户开发成本下降不少，企业开始注重进一步提升与客户之间的合作关系，开始注重培养客户对企业的忠诚度，从而使企业能够从相互之间的交易中获取更大的收益。

(3) 成熟期。企业与客户间关系发展的最高层次。在此阶段，客户与企业之间的关系比较稳定，双方之间的交易额以及交易频率都趋于稳定，并无大的波动。交易双方较为理性，并对对方高度认同。交易双方对对方均十分了解，双方均投入了大量的资源以维持双方间长期稳定的合作关系。

(4) 衰退期。企业与客户间的关系发展趋于破裂的阶段。在此阶段，企业与客户之间的关系开始出现明显的裂痕，一方或双方出现不满意对方的情形，开始考虑结束双方之间的合作关系，并开始着手寻找的新的合作伙伴。双方间的交易额以及交易频率开始出现较大幅度的下滑。此时，对于企业而言，企业面临两种选择：一是对客户采取挽留或补救措施，使客户关系得以恢复；二是不采取任何措施，放任客户关系的恶化直到双方间的合作关系结束。

(5) 流失期。企业与客户之间的合作关系正式终止。在实际情形中，客户关系并非只有经历衰退期才能进入流失期，处于任一阶段的客户关系均可直接进入流失期。一旦客户关系进入流失期则意味着客户的剩余生命周期已完结。在契约交易情形下，客户与企业间的契约到期后，若客户选择不与企业续约，则可视该客户进入流失期。在半契约交易情形下，客户一旦与企业解除契约，则标志着客户进入流失期。

第四节　客户行为分析理论

随着互联网技术高速发展，企业能够快速有效地获取大量的客户消费行为数据。如电信企业存有大量的客户通话记录、上网流量等消费行为数据，证券企业拥有大量的客户交易行为数据。企业通过对这些客户行为数据进行分析，可以及时掌握客户与企业间关系的变化以及客户对企业价值贡献的变化，有利于企业及时地调整对客户的营销策略及服务策略，增强企业的竞争力。

一、客户行为分析的内涵

客户行为分析就是从大量的客户消费行为数据中发现客户的消费偏好以及客户关系变化规律，使企业对客户更加了解，对客户价值能够进行有效的度量，从中发掘高价值客户，并在此基础之上对客户进行分类，针对不同类型的客户进行差异化的服务策略。这有助于企业发掘潜在客户，提升现有客户的价值，保持高价值客户，改进企业营销方式以及服务策略，提高企业的利润。如电信企业可根据某种类型客户的消费行为特点，为该客户群体制定相应的服务套餐，以提升客户的满意度。企业进行客户行为分析的目的主要在于：

（1）提升企业的盈利能力。通过对客户的行为进行分析，企业可制定出高效益的营销或服务方案，发掘潜在的客户，使企业获得更高的收益。

（2）提高客户满意度，降低服务成本。通过对客户的行为进行分析，企业可及时发现客户关系的变化以及客户对企业的价值贡献的变化，在此基础之上，企业能够及时地调整客户管理策略，将资源集中于高价值客户以及具有较大潜力的客户，以提高核心客户的满意。对于低价值具有流失倾向的客户，企业则可果断的放弃，以降低企业的服务成本。

（3）提高企业的销售及服务效率。通过分析客户的交易行为数据，企业可发现客户的消费偏好，挖掘客户的潜在需求。在此基础之上，结合客户的价值贡献，企业可对客户进行相应的服务推荐。

二、客户行为的类型

（1）从客户行为的表现形式来分，客户行为可分为离散型行为和连续型行为两种。

离散型行为是指只有在特定时刻才可能发生的客户行为，如汽车保险客户只有在其保险即将到期之时，才可能决定续保。一般而言，在契约交易情形下，客户的交易行为属于离散型行为。

连续型行为是指在任意时刻均有可能发生的客户行为，如电信客户在任何时刻均有可能发生拨打电话等消费行为。一般而言，在非契约及半契约交易情形下的客户交易行为均属于连续型行为。

（2）按客户行为的性质来分，客户的行为可分为客户购买行为与客户流失行为。

客户购买行为主要指客户购买企业的产品或服务等消费购买行为，客户的购买行为可分为首次购买行为以及重复购买行为。其中，首次购买主要指客户第一次与企业发生交易行为；重复购买主要指客户完成初次购买后，客户与企业在后续时期所发生的交易行为。客户的首次购买行为具有很大的随机性且研究意义不大，所以客户行为分析主要对客户的重复购买行为进行研究。当前主要通过客户的购买次数、购买金额、购买量等指标对客户的重复购买行为进行分析。

客户流失行为是指客户结束与企业之间的交易关系，在未来的一个相当长的时期内，客户不会再与企业发生任何交易关系。在非契约交易情形下，客户的流失行为很难被企业及时发现。半契约交易情形下，客户或企业解除与对方之间的契约关系可视为客户流失的标志，此时，客户的流失行为一旦发生，很容易被企业察觉。在本书的研究中，假设客户的流失为永久性的，即一旦客户成为流失客户，该客户再也不会重新回到企业与企业进行交易。

第五节　客户价值理论

客户价值管理是客户管理理论中重要研究内容，是企业在进行客户细分的重要决策依据，对制定营销策略及进行服务推荐具有重要的指导意义。

一、客户价值的内涵

当前关于客户价值概念的界定，学术界尚无统一的定论。对于客户价值的界定主要有以下三个视角[148,149]。

(1) 从以客户的价值感受为主体、企业的价值感受为客体的角度出发，对客户价值进行定义。从客户对产品或服务的感受出发，对交易价值进行界定。客户将不同企业的产品与服务进行对比，在此基础上做出购买决策。企业如何理解与迎合客户的需求是这一领域的研究重点。

(2) 从以企业的价值感受为主体、客户的价值感受为客体的角度出发，对客户价值进行定义。企业根据客户对自身的重要性对客户的价值进行衡量。通过评估客户可能为企业带来的收益的大小，企业决定为该客户提供何种产品或服务。

(3) 从企业与客户互为价值感受的主体与客体的角度出发，定义客户价值。以客户与企业在交易过程中产生的价值交换来对客户的价值进行界定。

本书研究的客户价值主要是指第二种情形下的客户价值。以企业为主体来对客户价值进行研究。在此研究视角下，如何衡量在客户关系生命周期内客户能够为企业所带来的收益是该领域的核心研究内容；企业不仅要考虑客户当前为企业所贡献的利润，更要考虑在客户的剩余生命周期内客户能够为企业带来的利润；客户的价值实际反映的是在整个客户生命周期过程中客户为企业带来的总利润的期望值。在此，本书将客户价值定义为：客户当前为企业所贡献的货币利润与在客户的剩余生命周期内（即客户由当前状态到客户流失这一时间段）客户为企业带来的货币利润的总和。

二、客户价值的影响因素

根据本书对客户价值的定义可知，客户的价值由两个部分构成：(1) 客户的当前价值，即当前客户为企业贡献的利润。(2) 客户的潜在价值，即在客户的剩余生命周期内，客户能够为企业带来的利润期望值的贴现。如图2-1所示。

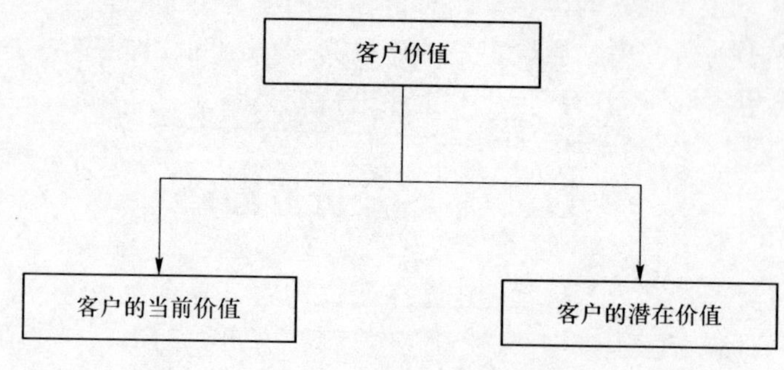

图2-1　客户价值的构成

（一）客户的当前价值

目前关于客户当前价值的影响因素的研究较多，其中有代表性的观点主要有：权明富等（2004年）认为，客户的当前价值由客户为企业所贡献的毛利润、客户的购买量以及企业为客户所支付的服务成本等三个部分构成[150]。齐佳音等（2004年）则认为，客户的当前价值由客户的利润贡献与成本占用两个部分构成[151]。唐艳（2009年）、王莉（2011年）等认为，客户为企业所贡献的利润、客户对企业的重要性以及客户的服务成本等三个部分构成了客户的当前价值[152,153]。刘志强（2008年）则认为，客户的当前价值由服务价格以及服务成本构成[127]。在上述所有的研究成果中，客户贡献的利润以及服务成本均被选为客户当前价值的组成要素，而客户贡献的利润与服务成本之间具有一定的函数关系，即客户贡献的利润=客户的交易额-服务成本。同时，从企业的角度看，企业的第一要务在于从与客户间的交易中获取利润。因此，本书选取客户当前为企业所贡献的利润这一指标来反映客户的当前价值。从会计的角度来分析，客户为企业所贡献的利润的大小主要由客户与企业之间的交易额以及企业为客户服务所支付的成本两个部分来决定，即客户为企业所贡献的利润=客户与企业间交易额-企业为客户服务所支付成本。因此，客户的当前价值的大小由当前时期客户与企业间的交易额和当前时期企业为客户服务所支出的成本这两个因素决定，如图2-2所示。

（二）客户的潜在价值

由前文可知，客户的潜在价值是客户在剩余生命周期内为企业所贡献利润的期望值。所以，客户的潜在价值与客户的剩余生命周期的长短密切相关。同时，由本章第二节中的动态客户关系理论及第三节中的客户生命周期理论可知，客户

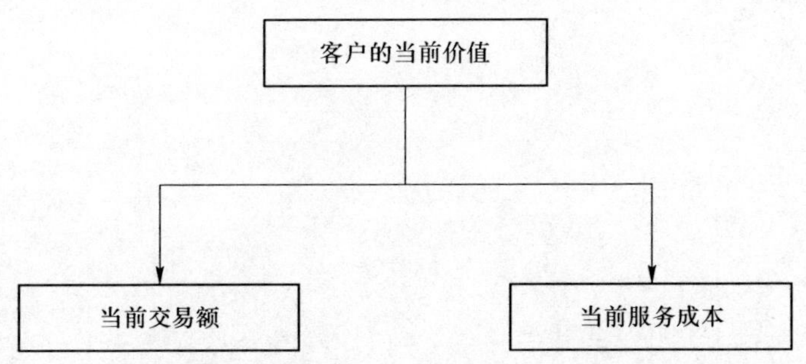

图 2-2　客户当前价值的影响因素

的潜在价值还与客户所处的生命周期阶段以及未来客户关系的变化有关。所以，通过总结这些相关理论，认为影响客户的潜在价值的主要因素有以下几点：

(1) 客户的剩余生命周期。客户潜在价值反映的是客户在剩余生命周期内为企业所贡献利润的期望值，所以客户剩余生命周期的长短直接决定着客户潜在价值的大小。一般而言，客户的剩余生命周期越长，客户的潜在价值越大。

(2) 未来每个时期的利润贡献期望值。通过前文分析可知，在客户的剩余生命周期之内，客户每个时期的利润贡献的期望值对客户的潜在价值有着直接的影响。但未来每个时期的利润贡献的期望值无法直接预测，需要依据客户当前的信息来推断。影响未来每个时期的利润贡献期望值的因素主要有：1) 客户的当前状态。在半契约交易情形下，客户的当前状态（即客户当前所处的生命周期阶段）对未来的客户关系的走向有重要的影响，所以客户的当前状态对客户的潜在价值有重要的影响。2) 客户的状态转化概率。根据客户的当前状态信息及客户的当前价值信息，结合客户的状态转化概率，可推断出客户在未来每个时期的状态期望值，所以不同客户状态对客户的潜在价值有重要的影响。3) 客户的当前价值。客户当前价值是推断未来每个时期客户的利润贡献期望值的基础。

(3) 贴现率。由于客户的潜在价值是客户在未来为企业带来的利润，所以在对客户的潜在价值进行估算时需要考虑资金的时间成本。因此，贴现率对客户的潜在价值有重要的影响。在实际情形中，贴现率一般会受到当前的银行利率以及贴现时长的影响。

综上所述，客户潜在价值的影响因素如图 2-3 所示。

三、客户价值的计算方法

目前关于客户价值计算方法的研究较多，其中具有代表性的计算方法主要有：

(1) Jackson（1985 年）首次提出的运用传统的现金分析方法对客户的价值进

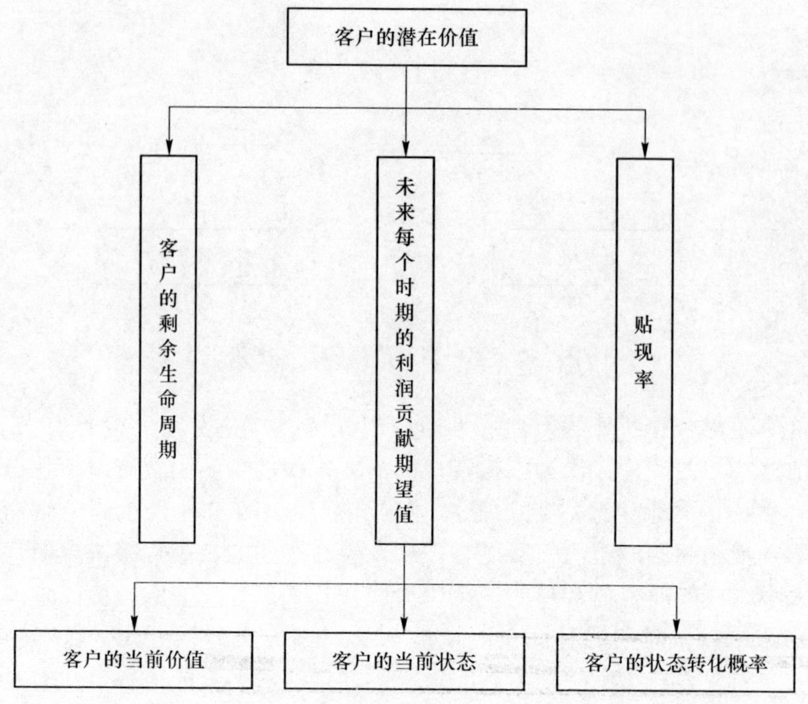

图 2-3　客户潜在价值的影响因素

行计算[121]，得到了客户价值的通用计算公式，具体如下：

$$CV = (R_0 - C_0) + \frac{R_1 - C_1}{1 + \alpha} + \frac{R_2 - C_2}{(1 + \alpha)^2} + \cdots + \frac{R_n - C_n}{(1 + \alpha)^n}$$

$$= \sum_{i=0}^{n} \frac{R_i - C_i}{(1 + \alpha)^i} \tag{2-1}$$

式中　R_0——在当前时期客户与企业间的交易额；

C_0——在当前时期企业为客户提供服务的服务成本；

R_i——在第 i 时期客户与企业间的交易额；

C_i——在第 i 时期企业为客户服务所支付的服务成本；

α——贴现率。

（2）Paul D. Berger 等（1998 年）对上述的客户计算方法进行了扩展，引入了客户保持率的概率，得到下面的客户价值计算公式[123]。此公式主要是针对某个客户群而非客户个体的价值进行计算。

$$CV = \sum_{i=0}^{n} \pi(i) \times \gamma_i \times \frac{1}{(1 + \alpha)^i} \tag{2-2}$$

式中　$\pi(i)$ ——在第 i 时期客户群为企业贡献的利润函数；

γ_i——第 i 时期客户群的客户保持率。

对于 π （i） 的计算，陈明亮（2002 年）分析了客户价值在客户生命周期不同阶段的变化特征，并给出了对应的分段拟合函数[19]。$0\sim t_1$ 为客户生命周期中的成长期阶段；$t_1\sim t_2$ 为成熟期阶段；$t_2\sim T$ 为衰退期阶段。

$$\begin{cases}\pi(t)=\pi_1(t)=h_1t^2+v & 0\leqslant t\leqslant t_1\\ \pi(t)=\pi_2(t)=\pi_1(t_1)+[N(1-\mathrm{e}^{-t+t_1})] & t_1<t\leqslant t_2\\ \pi(t)=\pi_3(t)=\pi_2(t_2)-h_2(t-t_2)^2 & t_2<t\leqslant T\end{cases} \tag{2-3}$$

式中　h_1，h_2，N——正常数；

v——待定常数；

t_1——客户从成长期进入成熟期的转折时间点；

t_2——客户从成熟期进入衰退期的转折时间点。

（3）王素芬等（2002 年）在 Jackson 的客户价值的计算方法之上，结合离散交易行为的特点，得到了离散交易行为下的客户价值计算方法[128]。

$$CV=\sum_{t=0}^{T}\frac{R_t\sum_{i=1}^{F_t}S_{it}}{(1+\alpha)^t} \tag{2-4}$$

式中　F_t——在第 t 时期客户与企业进行的交易次数；

S_{it}——在第 t 时期内，客户与企业进行第 i 次交易的交易额；

R_t——在第 t 时期中，客户对企业的平均利润贡献率；

α——贴现率。

（4）匡奕球（2003 年）在 Jackson 的研究基础之上引入了客户生命周期，得到了下面的客户价值计算公式[129]。

$$CV=CR_\mathrm{p}+CR_\mathrm{s}+CR_\mathrm{m}-C_\mathrm{p}-C_\mathrm{s}-C_\mathrm{m} \tag{2-5}$$

式中　CR_p——成长期阶段客户与企业间的交易额；

CR_s——成熟期阶段客户与企业间的交易额；

CR_m——衰退期阶段客户与企业间的交易额；

C_p——成长期阶段企业为客户提供服务所支付的成本；

C_s——成熟期阶段企业为客户提供服务所支付的成本；

C_m——衰退期阶段企业为客户提供服务所支付的成本。

（5）Blattberg 等[119]（2001 年）在 Jackson 的研究基础之上，引入了企业获得客户时的收益、保持客户收益以及额外收益等概念，得到了客户资产的度量模型。

$$CE(t) = \sum_{i=0}^{t} \left\{ N_{i,t}a_{i,t}(S_{i,t} - C_{i,t}) - N_{i,t}B_{i,a,t} + \sum_{i=1}^{\infty} N_{i,t}a_{i,t} \left[\prod_{j=1}^{k} \rho_{i,t+k} \times (S_{i,t+k} - C_{i,t+k} - B_{i,r,t+k} - B_{i,AO,t+k}) \left(\frac{1}{1+d} \right)^{k} \right] \right\} \tag{2-6}$$

式中 $CE(t)$——在 t 时期，客户的资产价值；

$N_{i,t}$——在 t 时期，企业 i 类客户的潜在数量；

$a_{i,t}$——在 t 时期，企业获取 i 类客户的概率；

$\rho_{i,t+k}$——在 $t+k$ 时期，i 类客户的客户保持率；

$B_{i,a,t}$——在 t 时期，企业获取 i 类客户所需支付的成本；

$B_{i,r,t+k}$——在 $t+k$ 时期，企业保持 i 类客户所需支付的成本；

$B_{i,AO,t+k}$——在 $t+k$ 时期，企业对 i 类客户进行额外销售时所需支付的成本；

$S_{i,t}$——在 t 时期，企业从 i 类客户处获取的收益；

$C_{i,t}$——在 t 时期，企业为 i 类客户服务所需要支付的成本；

$S_{i,t+k}$——在 $t+k$ 时期，企业从 i 类客户处获取的收益；

$C_{i,t+k}$——在 $t+k$ 时期，企业为 i 类客户服务所需要支付的成本；

d——贴现率。

综合上述的客户价值的计算方法可发现，方法（2），方法（3）与方法（4）均是在方法（1）的基础之上改进而来的。因此，在后续章节中，本书也以 Jackson 提出的计算方法（即方法（1））为基础，结合客户生命周期、动态客户关系管理、粗糙集、证据推理及马尔可夫链等管理理论与方法，对个体客户的剩余生命周期进行计算；并将个体客户的剩余生命周期作为参数代入 Jackson 的客户价值计算公式对个体客户的价值进行度量，在此基础之上结合个体客户所处的生命周期信息对客户进行分类。

第六节　本章小结

主要对本研究中所涉及的客户交易情形理论、客户生命周期理论、客户关系动态管理理论、客户行为分析理论以及客户价值理论等基本理论进行介绍，为后续研究的开展打下理论铺垫。

第三章　个体客户所处生命周期阶段的识别

根据前文中的定义可知，个体客户的剩余生命周期是指客户由当前所处的生命周期阶段到客户流失这一时间段。因此，个体客户所处生命周期阶段的识别是个体客户剩余生命周期度量的基础。按照客户生命周期理论，客户的生命周期可划分为考察期、成长期、成熟期等若干阶段。在半契约交易情形下，对处于考察期及流失期状态的客户，企业比较容易识别，因此本书在此不进行研究。本章主要研究处于成长期、成熟期以及衰退期三个阶段的客户的识别指标以及识别方法。

第一节　生命周期各阶段客户的特点及识别指标

依据第二章第三节中的客户生命周期理论，本书将客户的生命周期划分为：考察期、成长期、成熟期、衰退期以及流失期等五个阶段，如图 3-1 所示。处于 $0\sim t_1$ 区间的客户为考察期客户，处于 $t_1\sim t_2$ 区间的客户为成长期客户，处于 $t_2\sim t_3$ 区间的客户为成熟期客户，处于 $t_3\sim t_4$ 区间的客户为衰退期客户，在 t_4 时刻之后为客户流失阶段。

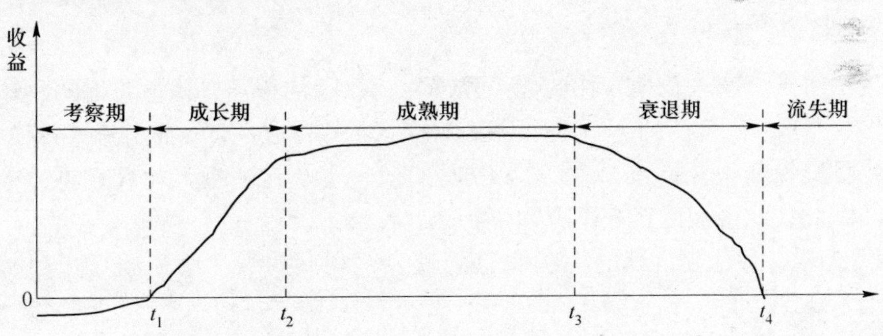

图 3-1　客户的生命周期阶段划分

一、生命周期各阶段客户的特点

（一）考察期阶段

在此阶段，客户与企业双方会考察对方的合作意向与诚意，客户与企业会站在自身收益的角度考察对方。从图 3-1 中可以发现，在此阶段，客户与企业双方均相对较为谨慎，由于双方并未建立正式的契约关系，双方之间几乎没有交易，主要是客户试用企业的产品或者体验企业提供的服务。所以，企业从客户身上获得的收益几乎为零甚至为负。因此，此阶段客户具有如下特点：

（1）客户为企业贡献几乎为零甚至为负，且利润增长速度几乎为零。

（2）客户与企业间的交易金额几乎为零，且交易量的增长非常小。

（3）客户与企业之间的交易频率非常低，几乎为零。

在半契约交易情形下，客户与企业之间达成契约（如手机用户与电信运营商之间办理入网手续）可视为考察期结束的标志。因此，与企业有所接触但并未正式签约的客户均可视为处于考察期的客户。

（二）成长期阶段

在这一阶段，双方已达成了合作的意向，并建立了一定的相互信任及依赖关系。双方均开始从相互之间的交易中获得较大的收益，双方之间交易意向大幅度增加，双方之间的交易频率开始加大，交易额开始增大，企业从客户身上获取的利润开始增加，如图 3-1 所示。因此，此阶段的客户具有如下特点：

（1）客户为企业贡献的利润增长较快，但是企业从客户身上获得的利润总量有限。

（2）客户与企业之间的交易量增长较快，但是总交易额不太大。

（3）客户与企业之间的交易频率快速增长。

（三）成熟期阶段

这一阶段，双方长期合作的关系已确立，企业从相互交易中获得的收益达到极大化，且收益开始趋于稳定，如图 3-1 所示。双方之间的交易金额开始趋近于极大化且交易金额开始趋于稳定。双方之间交易频率趋于极大化且交易频率趋于稳定。因此，此阶段的客户具有如下特点：

（1）客户为企业贡献的毛利润总额较大，利润的增长明显放缓，利润总额开始趋于稳定。

（2）企业与客户之间的交易总额较大，交易总额增长明显放缓，交易总额趋于稳定。

（3）企业与客户之间的交易频率较高，交易频率的增长明显放缓，交易频率趋于稳定。

（四）衰退期阶段

在这一阶段，双方之间合作意向开始动摇，双方中至少有一方开始试图寻找其他的合作伙伴，并开始考虑结束合作关系。在此阶段中，企业从客户身上获得的收益急剧下滑，如图3-1所示。同时，双方之间的交易额开始大幅下降，双方之间的交易频率开始大幅度下降。因此，此阶段的客户具有以下特点：

（1）企业从客户身上获得利润开始大幅下滑，即企业从客户处获得利润的增长率为负。

（2）企业与客户之间的交易额开始大幅下滑，即企业与客户之间的交易额的增长率为负。

（3）企业与客户之间的交易频率开始大幅下降，即企业与客户之间的交易频率增长率为负。

（五）流失阶段

半契约交易情形下，客户的流失以客户与企业之间的契约的解除为标志。因此，在此阶段客户与企业之间的交易额与交易频率均降为零。

二、个体客户所处生命周期阶段的识别指标

通过上述的分析可知，在半契约交易情形下，一旦客户与企业签订契约（如电信客户与运营商之间签订入网协议），则考察期就已结束。因此，与企业有所接触且未与企业签约的客户均可视为“考察期”客户，而处于“流失期”的客户往往也需要与企业解除契约关系（如电信客户办理销户）。企业很容易识别处于“考察期”与“流失期”的客户。因此，本书不讨论处于上述两个阶段的客户的识别问题。本书主要研究“成长期”“成熟期”以及“衰退期”三个阶段的客户的识别问题。

通过上述对各阶段的客户的特征行为分析可发现，通过“毛利润增长率”“交易额增长率”以及“交易频率增长率”这三个客户行为特征可以有效地识别处于“成长期”“成熟期”以及“衰退期”的客户。因此，本书选取企业与客户在一段时期内交易的“利润增长率”“交易额变化”和“交易频率变化”作为客户生命周期阶段的判定指标，如图3-2所示。

（1）利润增长率。反映在某个时期内客户为企业所贡献的利润变化情况，利润增长率可由公式（3-1）算得。

$$\text{利润增长率}=\frac{\text{当前时期内客户贡献的毛利润}}{\text{前一时期内客户贡献的毛利润}}-100\% \qquad (3\text{-}1)$$

（2）交易额增长率。反映在某个时期内客户与企业之间的交易量的变化情况。交易额增长率可由公式（3-2）算得。

$$\text{交易额增长率}=\frac{\text{当前时期内客户与企业之间的交易额}}{\text{前一时期内客户企业之间的交易额}}-100\% \qquad (3\text{-}2)$$

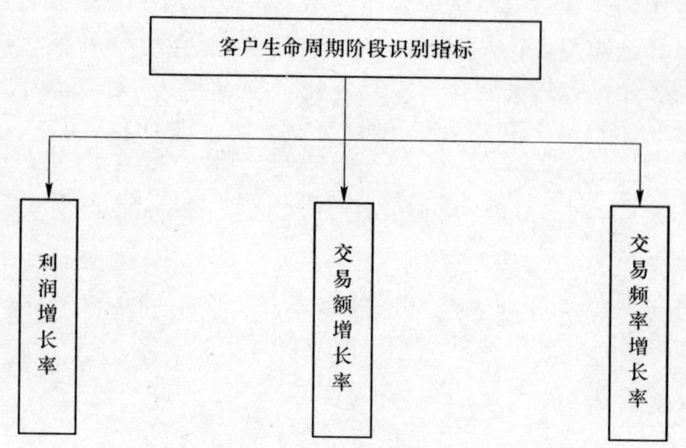

图 3-2　客户生命周期阶段识别指标

（3）交易频率增长率。反映在某个时期内客户与企业之间平均交易次数的变化情况。

$$\text{交易频率增长率} = \frac{\text{当前时期内客户与企业之间的平均交易次数}}{\text{前一时期内客户企业之间的平均交易次数}} - 100\% \tag{3-3}$$

第二节　识别指标权重的计算方法

一、基于粗糙集的权重计算原理

在对客户所处的生命周期阶段进行识别时，不仅需要明确识别指标，还需要确定各指标的权重。当前，主要采用 AHP[154,155]、熵权[156,157]等方法确定指标的权重。而这些方法往往依赖于专家对各指标的评分，因此运用这些方法所获得指标权重不可避免地带有一定的主观性。为了克服上述方法的缺陷，本书采用粗糙集中的属性重要度的计算方法来确定各识别指标的客户权重。相对上述依赖专家打分的权重确定方法，粗糙集以客观数据为基础，通过对客观数据的内在规律进行发掘来对各指标的权重进行计算。因此，通过粗糙集方法所确定的权重被称为客观权重。

运用粗糙集理论计算指标权重的基本原理为：将评估问题以决策表的形式呈现，各指标构成决策表中的属性项，通过从决策表中去掉某个属性项后所引发的决策表中对象划分发生的变化，计算该属性对决策表的重要程度。若从决策表去掉某个属性项后，决策表中对象的划分发生较大的变化，则该属性项相对决策表就较重要，该属性项所对应的指标的权重就较大。若从决策表去掉某个属性项后，决策表中对象的划分发生变化不大，则该属性项相对决策表就不太重要，所以该属性项所对应的指标的权重较小。

二、粗糙集中的基本概念

粗糙集理论是波兰数学家 Pawlak 于 1982 年提出的一种处理模糊性与不确定性问题的数学工具[158]。相对于模糊集等方法，其最大的优势在于不需要预先给定属性的数量描述，直接从给定问题的描述集合出发，通过发现不可分辨关系与不可分辨问题的近似域，从中找出该问题的内在规律[159]。近年来，粗糙集理论引起越来越多的关注，并已在知识推理、决策分析等领域得到广泛的应用。

在粗糙集中，企业的客户数据通常以知识表达系统（即决策信息表）的方式来表达。表 3-1 是知识表达系统由被研究对象所组成的集合。其中，这些对象的知识由指定的对象属性以及这些属性的取值来描述。

表 3-1　知识表达系统

对象（U）	条件属性（C）			决策属性（D）
	c_1	…	c_n	d
U_1	U_1C_1	…	U_1C_n	d_1
⋮	⋮	⋮	⋮	⋮
U_m	U_mC_1	…	U_mC_n	d_m

定义 3.1：表 3-1 中的知识表达系统可被定义为四元组：$T=\{U,C\cup D,V,f\}$，其中，T 为知识表达系统；$U=\{U_1,U_2,\cdots,U_m\}$ 为论域，即：对象集；$C=\{c_1,c_2,\cdots,c_n\}$ 为条件属性的非空有限集合，在本书中，C 为由识别指标构成的集合，c_1，c_2，…，c_t，…则对应各识别指标；D 为决策属性集合；V 为属性值域。

定义 3.2：设 R 为 U 上的一个等价关系，则 $U/R=\{U_1,U_2,\ \cdots,\ U_n\}$ 为 R 产生的一个分类，即关于 U 的一个划分，称（U，R）为近似空间。

定义 3.3：给定知识空间 $K=(U,R)$，对于每一个子集 $X\subseteq U$ 和一个等价关系 $R\in \mathrm{ind}(K)$，定义两个子集：

$$\underline{R}X=\cup\{Y\in U/R\mid Y\subseteq X\} \tag{3-4}$$

$$\overline{R}X=\cup\{Y\in U/R\mid Y\cap X\neq\varnothing\} \tag{3-5}$$

分别称它们为 X 的 R 下近似集和 R 上近似集。

定义 3.4：令 P 和 Q 为表 3-1 中的 U 等价关系，Q 的 P 正域记为 $\mathrm{Pos}_P(Q)$，即：

$$\mathrm{Pos}_P(Q) = \bigcup_{X \in U/Q} \underline{R}X \tag{3-6}$$

三、基于属性重要度的客观权重计算方法

定义 3.5：给定知识空间 $K=(U, R)$，$\forall P, Q \in IND(K)$，定义：

$$\gamma_P(Q) = K = \frac{|\mathrm{Pos}_P(Q)|}{|U|} = \frac{\left|\bigcup_{X \in U/Q} \underline{P}(X)\right|}{|U|} \tag{3-7}$$

为知识 Q 对知识 P 的依赖度，其中 $\mathrm{Pos}_P(Q) = \bigcup_{X \in U/Q} \underline{P}(X)$ 为知识 Q 的 P 正域，$\gamma_P(Q)$ 描述的是由 Q 导出的分类 U/Q 的正域覆盖了论域 U 中 $k(\%)$ 的元素，即 U 中有 $k(\%)$ 的元素可通过知识 P 准确地划入到分类 U/Q 的等价类中。在决策表 $T=(U,C\cup D,V,f)$ 中，决策属性 D 对条件属性 $C(c_1,c_2,\cdots,c_n)$ 的依赖度可定义为：

$$\gamma_C(D) = k = \frac{|\mathrm{Pos}_C(D)|}{|U|} = \frac{\left|\bigcup_{X \in U/D} \underline{P}(X)\right|}{|U|} \tag{3-8}$$

定义 3.6：在决策表 $T=(U, C\cup D, V, f)$ 中，给定条件属性 $C(c_1, c_2, \cdots, c_n)$ 和决策属性 D，可定义 $\mathrm{sig}(c_i)=\gamma_C(D)-\gamma_{\{C-c_i\}}(D)$ 为条件属性 c_i 对条件属性集 C 的属性重要度。

在决策表 $T=(U, C\cup D, V, f)$ 中，为反映条件属性集 C 中元素 c_i 对决策属性 D 的影响程度即权重，将 $\mathrm{sig}(c_i)=\gamma_C(D)-\gamma_{\{C-c_i\}}(D)$ 进行归一化处理即可得到元素 c_i（即识别指标 c_i）的客观权重 W_{O_i}，即：

$$W_{\mathrm{O}_i} = \frac{\gamma_C(D) - \gamma_{C-c_i}(D)}{\sum_{i=1}^{n}\left[\gamma_C(D) - \gamma_{C-c_i}(D)\right]} \tag{3-9}$$

四、综合权重的计算方法

虽然粗糙集属性重要度方法可以通过对客户数据的内在规律进行发掘，从而得到各识别指标的客观权重，但不能反映专家的先验经验，而专家的经验对个体客户所处生命周期阶段的识别也有重要的价值。因此，为了提高对个体客户所处生命周期阶段识别的准确性，本书将由粗糙集属性重要度方法所确定的各指标的客观权重与由专家的经验所确定各识别指标的主观权重进行综合，从而得到各识别指标的综合权重。各识别指标的综合权重可由下面的公式进行计算。

$$W_i = \lambda W_{\mathrm{O}_i} + (1-\lambda) W_{\mathrm{S}_i}, \quad 0<\lambda<1 \tag{3-10}$$

式中　W_i——第 i 项识别指标的综合权重；

W_{O_i}——由粗糙集属性重要度方法所确定的第 i 项识别指标的客观权重；

W_{S_i}——由专家的经验所确定的第 i 项识别指标的主观权重。

第三节　基于证据推理的客户所处生命周期阶段的识别方法

客户生命周期阶段识别的主要思想是通过当前客户在“毛利润增长率”等指标上的实际取值，对比企业的其他客户数据，从而对当前客户所处的生命周期阶段进行识别。在这一过程中，由于“毛利润增长率”等指标的取值为连续型取值，因此在将当前客户的各指标值与企业客户数据库中的客户数据类比之前，必须将这些指标的取值范围进行离散化处理。在离散化的过程中，各指标值在归属离散等级区间时会产生模糊性及不确定性。所以，从某种意义上来说，客户生命周期阶段的识别是一个具有模糊、不确定性特点的评价问题。证据推理（*ER*）方法作为一种在 *D-S* 证据理论基础之上发展而来的不确定推理方法，可比较好地处理决策过程中“不确定”以及“不知道”等情形[160]。目前，证据推理（*ER*）被广泛应用于模式识别[161]、决策分析[162]、综合评价[163]以及信息融合[164]等领域。因此，本书采用证据推理（*ER*）对客户所处的生命周期阶段进行识别。

一、证据推理中的基本概念

定义 3.7：设 Θ 为识别框架，如集函数 $m: 2^{\Theta} \to [0, 1]$，满足 $m(\varnothing)=0$，对 $\forall A \in \Theta$，$m(A) \geqslant 0$，且 $\sum_{A \subset \Theta} m(A) = 1$，称 m 为框架 Θ 上的基本信度分配。

定义 3.8：设 $\Theta = \{\theta_1, \theta_2, \cdots, \theta_n\}$，$\beta_i$ 为证据对 θ_i 所提供的支持度，满足 $\beta_i \geqslant 0$，$\sum \beta_i \leqslant 1$，则定义函数 $S = \beta_i : 2^{\Theta} \to [0, 1]$ 为简单支持函数，记为 $S = \{\theta_i(\beta_i), i = 1, \cdots, n\}$。

定义 3.9：设识别框架 Θ，证据 e_j 对应的权重为 w_j，$\beta_{j,i}$ 为证据 e_j 在 θ_i 的基本支持度。

$$m_{j,i} = w_j \beta_{j,i}, m_{j,\Theta} = 1 - \sum_{i=1}^{n} m_{j,i} \tag{3-11}$$

二、证据支持度的确定

证据支持度的获取是进行证据推理的基础。目前，在证据推理的应用过程中，证据支持度往往由专家依据自身的经验给出，这往往具有较大的主观性。为了保证客户生命周期阶段识别的客观性，本书运用决策规则强度的方法确定证据支持度。

（一）决策规则强度的计算

定义 3.10：（决策规则强度）决策表 $T=\{U,C\cup D,V,f\}$，C 和 D 分别为条件属性集和决策属性集，$\forall x\in U$，x 关于 C 的上近似集为$\overline{C}x$，x 关于 D 的上近似集为$\overline{D}x$，则决策规则$f(x,C)\to f(x,D)$的强度为：

$$\mu=\frac{|\overline{C}x\cap\overline{D}x|}{|\overline{C}x|} \tag{3-12}$$

当$E\in C$、E 中包含多个条件属性时，决策规则$f(x,E)\to f(x,D)$的强度为：

$$\mu=\frac{|\overline{E}x\cap\overline{D}x|}{|\overline{E}x|}=\frac{|[x]_E\cap[x]_D|}{|[x]_E|} \tag{3-13}$$

式中　$[x]_E$——U 在 E 上的一个划分。

当$a\in C$，决策规则$f(x,a)\to f(x,D)$的强度为：

$$\mu=|[x]_a\cap[x]_D|/|[x]_a| \tag{3-14}$$

定义 3.11：（决策扩充规则及强度）决策表 $T=\{U,C\cup D,V,f\}$，$a\in C,x,y\in U$，$\forall f(x,a)\to f(x,D),f(y,a)\to f(y,D)$，若$f(x,a)=f(y,a)$且$f(x,D)\neq f(y,D)$，则决策扩充规则为：$f(x,a)\to\{f(x,D),f(y,D)\}$。决策扩充规则$f(x,a)\to\{f(x,D),f(y,D)\}$的强度为：

$$\mu=\frac{|[x]_a\cap[x]_D|}{|[x]_a|}\times\frac{|[y]_a\cap[y]_D|}{|[y]_a|} \tag{3-15}$$

以此类推，若存在另一对象 $z\in U$ 也满足$f(x,a)=f(z,a)$和$f(x,D)\neq f(z,D)$，决策扩充规则为：$f(x,a)\to\{f(x,D),f(y,D),f(z,D)\}$，强度也会相应的变化为：

$$\mu=\frac{|[x]_a\cap[x]_D|}{|[x]_a|}\times\frac{|[y]_a\cap[y]_D|}{|[y]_a|}\times\frac{|[z]_a\cap[z]_D|}{|[z]_a|} \tag{3-16}$$

（二）证据支持度的计算

决策表 T 中有 $a\in C,U/a=\{X_1,X_2,\cdots,X_n\}$，$U/D=\{Y_1,Y_2,\cdots,Y_n\}$，设 $H=\{a,D\}$，$U/H=\{H_1,H_2,\cdots,H_m\}$；$B_j=\{H_i\mid\bigcup_{H_i\subset X_j}H_i=X_j,X_j\in U/a\}$，$B_j$ 表示 X_j 等价类的 D 划分，$|B_j|=k$，D 的值域 $V_D=\{d_1,d_2,\cdots,d_m\}$，$H_i$ 中任一对象的决策规则强度μ_i 均可由公式（3-10）~公式（3-14）计算，此时设 P 为识别框架 Θ 上的一个命题，$P\in\Theta$，结合本章第三节中的定义 3.7 可知，命题 P 的证据支持为：

$$\beta_P = \mu_P \Big/ \left(1 + \prod_{i=1}^{n} \mu_i\right) \tag{3-17}$$

三、基于证据推理的客户所处生命周期阶段的识别方法

按上文中的方法，可计算出每个证据的支持度，然后通过证据推理的递归算法将各证据的支持度进行合成，得到证据集在识别框架 Θ 上的综合信度函数 $S(E) = \{\theta_i(\beta_i), i = 1, \cdots, n\}$，具体算法过程如下：

令 $m_{j,\Theta} = \overline{m}_{j,\Theta} + \tilde{m}_{j,\Theta}$，其中 $\overline{m}_{j,\Theta}$是由于权重引起的未分配信度，$\tilde{m}_{j,\Theta}$是由于不确定性引起的未分配信度。

$$\overline{m}_{j,\Theta} = 1 - w_j, \tilde{m}_{j,\Theta} = w_j \left(1 - \sum_{i=1}^{n} \beta_{j,i}\right) \tag{3-18}$$

定义 $E_{I(j)}$ 为前 j 个证据的集合 $E_{I(j)} = \{e_1, e_2, \cdots, e_j\}$，令 $m_{I(j),i}$ 为 $E_{I(j)}$ 中所有证据对 θ_j 的综合信度，$m_{I(j),\Theta}$为未分配的综合信度，证据推理的递归算法为：

$$\{\theta_i\}: m_{I(j+1),i} = K_{I(j+1)} (m_{I(j),i} m_{j+1,i} + m_{I(j),i} m_{j+1,\Theta} + m_{I(j),\Theta} m_{j+1,i}) \tag{3-19}$$

$$\{\Theta\}: m_{I(j),\Theta} = \overline{m}_{I(j),\Theta} + \tilde{m}_{I(j),\Theta} \tag{3-20}$$

$$\tilde{m}_{I(j+1),\Theta} = K_{I(j+1)} (\tilde{m}_{I(j),\Theta} \tilde{m}_{j+1,\Theta} + \overline{m}_{I(j),\Theta} \tilde{m}_{j+1,\Theta} + \tilde{m}_{I(j),\Theta} \overline{m}_{j+1,\Theta}) \tag{3-21}$$

$$\overline{m}_{I(j+1),\Theta} = K_{I(j+1)} \overline{m}_{I(j),\Theta} \overline{m}_{j+1,\Theta} \tag{3-22}$$

式中　$K_{I(j+1)}$——信度系数。

$$K_{I(j+1)} = \left(1 - \sum_{t=1}^{n} \sum_{i=1, i \neq t}^{n} m_{I(j)} m_{j+1,i}\right)^{-1} \tag{3-23}$$

在所有 L 个证据整合后，整个证据集的综合信度可由下面的公式进行计算：

$$\{\theta_i\}: \beta_i = \frac{m_{I(L),i}}{1 - \overline{m}_{I(L),\Theta}} \tag{3-24}$$

$$\{\Theta\}: \beta_\Theta = \frac{\tilde{m}_{I(L),\Theta}}{1 - \overline{m}_{I(L),\Theta}} \tag{3-25}$$

第四节　实 例 分 析

本书收集了 2019 年 1 月 ~6 月间江西某电信运营商在某高校的营业点中校园手机用户数据库中 722 名客户的交易数据作为研究样本，样本主要包含客户在利润增长率、交易额增长率、交易频率增长率三个识别指标上的取值以及客户所处状态等信息。由于客户在毛利润增长率等识别上的取值为连续型数据，这些数据

在客户的识别过程中不便于直接处理，故将样本数据按表3-2中的离散化规则进行离散化处理得到电信客户决策信息表，见表3-3。

表3-2 离散等级表 （%）

指标	1	2	3	4	5
毛利润增长率	< -25	[-25，-10]	(-10，10]	(10，25]	>25
交易额增长率	< -25	[-25，-10]	(-10，10]	(10，25]	>25
交易频率增长率	< -25	[-25，-10]	(-10，10]	(10，25]	>25

表3-3 电信客户决策信息表

对象（U）	条件属性（C）			决策属性（D）	样本数
	利润增长率（c_1）	交易额增长率（c_2）	交易频率增长率（c_3）	客户状态（d）	
U_1	5	5	5	成长期客户（d_1）	26
U_2	5	4	4	成长期客户（d_1）	47
U_3	4	4	4	成长期客户（d_1）	62
U_4	4	4	3	成长期客户（d_1）	37
U_5	3	4	4	成熟期客户（d_2）	28
U_6	3	3	4	成熟期客户（d_2）	57
U_7	3	3	3	成熟期客户（d_2）	71
U_8	4	3	3	成熟期客户（d_2）	45
U_9	3	4	3	成熟期客户（d_2）	51
U_{10}	3	3	2	成熟期客户（d_2）	47
U_{11}	2	3	3	成熟期客户（d_2）	39
U_{12}	2	3	4	成熟期客户（d_2）	37
U_{13}	2	2	3	衰退期客户（d_3）	35
U_{14}	2	3	2	衰退期客户（d_3）	28
U_{15}	2	2	2	衰退期客户（d_3）	50
U_{16}	1	2	2	衰退期客户（d_3）	23
U_{17}	1	1	2	衰退期客户（d_3）	18
U_{18}	1	1	1	衰退期客户（d_3）	21

一、识别指标权重的计算

依据粗糙集理论可知，在表3-3中，对象集U在条件属性集C上的划分为：

$$U/C=\{U_1,U_2,U_3,U_4,U_5,U_6,U_7,U_8,U_9,U_{10},U_{11},U_{12},U_{13},U_{14},U_{15},U_{16},U_{17},U_{18}\}=U$$

对象集 U 在条件属性集 D 上的划分为：

$$U/D=\{(U_1,U_2,U_3,U_4),(U_5,U_6,U_7,U_8,U_9,U_{10},U_{11},U_{12}),(U_{13},U_{14},U_{15},U_{16},U_{17},U_{18})\}$$

依据定义 3.2 与定义 3.3，可得到：

$$\mathrm{Pos}_C(D)=\bigcup_{X\in U/Q}\underline{C}(X)=\{U_1,U_2,U_3,U_4,U_5,U_6,U_7,U_8,U_9,U_{10},U_{11},U_{12},U_{13},U_{14},U_{15},U_{16},U_{17},U_{18}\}=U$$

同理可得到：

$$\mathrm{Pos}_{C-c_1}(D)=\bigcup_{X\in U/Q}\underline{\{C-c_1\}}(X)=\{U-(U_2,U_3,U_5)-(U_4,U_9)-(U_{10},U_{14})\}$$

$$\mathrm{Pos}_{C-c_2}(D)=\bigcup_{X\in U/Q}\underline{\{C-c_2\}(X)}=\{U-(U_4,U_8)-(U_{11},U_{13})\}$$

$$\mathrm{Pos}_{C-c_3}(D)=\bigcup_{X\in U/Q}\underline{\{C-c_3\}(X)}=\{U-(U_{11},U_{12},U_{14})\}$$

根据公式（3-8），可计算出客户的状态（决策属性 D）对整个识别指标集（条件属性集 C）的依赖度 $\gamma_C(D)$。

$$\gamma_C(D)=\frac{|\mathrm{Pos}_C(D)|}{|U|}=\frac{\left|\bigcup_{X\in U/D}\underline{P}(X)\right|}{|U|}=\frac{722}{722}=1$$

同理，依据公式（3-8），可计算出客户状态（决策属性 D）对剔除指标 c_1 后的识别指标集 $C-c_1$ 的依赖度 $\gamma_{C-c_1}(D)$。

$$\begin{aligned}\gamma_{C-c_1}(D)&=\frac{|\mathrm{Pos}_{C-c_1}(D)|}{|U|}=\frac{\left|\bigcup_{X\in U/D}\underline{\{C-c_1\}}(X)\right|}{|U|}\\&=\frac{|U-(U_2,U_3,U_5)-(U_4,U_9)-(U_{10},U_{14})|}{|U|}\\&=\frac{722-(47+62+28)-(37+51)-(47+28)}{722}=0.584\end{aligned}$$

以此类推，可计算得到 $\gamma_{C-c_2}(D)$ 与 $\gamma_{C-c_3}(D)$。

$$\begin{aligned}\gamma_{C-c_2}(D)&=\frac{|\mathrm{Pos}_{C-c_2}(D)|}{|U|}=\frac{\left|\bigcup_{X\in U/D}\underline{\{C-c_2\}}(X)\right|}{|U|}\\&=\frac{|U-(U_4,U_8)-(U_{11},U_{13})|}{|U|}\\&=\frac{722-(37+45)-(39+35)}{722}=0.784\end{aligned}$$

$$\gamma_{C-c_3}(D)=\frac{|\mathrm{Pos}_{C-c_3}(D)|}{|U|}=\frac{\left|\bigcup_{X\in U/D}\{C-c_3\}(X)\right|}{|U|}$$

$$=\frac{|U-(U_{11},U_{12},U_{14})|}{|U|}=\frac{722-(39+37+28)}{722}=0.856$$

依据定义 3.6，可计算出识别指标利润增长率（c_1）、交易额整长率（c_2）以及交易频率增长率（c_3）对客户状态（D）影响的重要度 $\mathrm{sig}(c_1)$、$\mathrm{sig}(c_2)$ 和 $\mathrm{sig}(c_3)$。

$$\mathrm{sig}(c_1)=\gamma_C(D)-\gamma_{C-c_1}(D)=1-0.584=0.416$$

$$\mathrm{sig}(c_2)=\gamma_C(D)-\gamma_{C-c_2}(D)=1-0.784=0.216$$

$$\mathrm{sig}(c_3)=\gamma_C(D)-\gamma_{C-c_3}(D)=1-0.856=0.144$$

依据公式（3-9），可算得识别指标利润增长率（c_1）、交易额增长率（c_2）以及交易频率增长率（c_3）所对应的客观权重 $W_{O_{c_1}}$、$W_{O_{c_2}}$ 和 $W_{O_{c_3}}$。

$$W_{O_{c_1}}=\frac{\gamma_C(D)-\gamma_{C-c_1}(D)}{\sum_{i=1}^{3}[\gamma_C(D)-\gamma_{C-c_1}(D)]}=\frac{\mathrm{sig}(c_1)}{\mathrm{sig}(c_1)+\mathrm{sig}(c_2)+\mathrm{sig}(c_3)}$$

$$=\frac{0.416}{0.416+0.216+0.144}=0.536$$

$$W_{O_{c_2}}=\frac{\gamma_C(D)-\gamma_{C-c_2}(D)}{\sum_{i=1}^{3}[\gamma_C(D)-\gamma_{C-c_2}(D)]}=\frac{\mathrm{sig}(c_2)}{\mathrm{sig}(c_1)+\mathrm{sig}(c_2)+\mathrm{sig}(c_3)}$$

$$=\frac{0.216}{0.416+0.216+0.144}=0.278$$

$$W_{O_{c_3}}=\frac{\gamma_C(D)-\gamma_{C-c_3}(D)}{\sum_{i=1}^{3}[\gamma_C(D)-\gamma_{C-c_3}(D)]}=\frac{\mathrm{sig}(c_3)}{\mathrm{sig}(c_1)+\mathrm{sig}(c_2)+\mathrm{sig}(c_3)}$$

$$=\frac{0.144}{0.416+0.216+0.144}=0.186$$

此时，由专家根据经验给出识别指标 c_1，c_2，c_3 的主观权重为 $W_{S_{c_1}}=0.4$，$W_{S_{c_2}}=0.3$ 与 $W_{S_{c_3}}=0.3$，同时设定 $\lambda=0.7$；根据公式（3-10），可计算出识别指标 c_1，c_2，c_3 的综合权重 W_{c_1}，W_{c_2}，W_{c_3}。

$$W_{c_1}=\lambda W_{O_{c_1}}+(1-\lambda)W_{S_{c_1}}=0.7\times0.536+0.3\times0.4=0.495$$

$$W_{c_2}=\lambda W_{O_{c_2}}+(1-\lambda)W_{S_{c_2}}=0.7\times0.278+0.3\times0.3=0.285$$

$$W_{c_3}=\lambda W_{O_{c_3}}+(1-\lambda)W_{S_{c_3}}=0.7\times0.186+0.3\times0.3=0.22$$

至此，所有的客户生命周期阶段识别指标的权重均已确定，见表 3-4。

表 3-4 客户生命周期阶段识别指标权重分配

客户生命周期阶段识别指标	权 重
利润增长率（c_1）	$W_{c_1}=0.495$
交易额增长率（c_2）	$W_{c_2}=0.285$
交易频率增长率（c_3）	$W_{c_3}=0.22$

二、客户所处生命周期阶段的识别

现有一名电信客户 A，其在利润增长率、交易额增长率以及交易频率增长率等三个识别指标上的取值分别为 -14%、-27% 和 -20%。按表 3-2 中的离散化规则对上述三个识别的取值进行处理，可得到：$c_1=2$，$c_2=1$，$c_3=2$。此时，显然在决策信息表 3-3 中无法找到完全相同类型的客户信息，无法直接利用规则提取的方法对客户 A 所处的生命周期阶段进行识别。因此，本书采用本章第三节中的方法对客户 A 所处的生命周期阶段进行识别。具体过程如下。

（一）各识别指标证据支持度的计算

首先，依据粗糙集理论，可求得决策信息表 3-3 中的对象集 U 在由识别指标 c_1 与决策属性 D 所构成的集合 $\{c_1, D\}$ 上的划分 $U/\{c_1, D\}$。

$$U/\{c_1,D\}=\{(U_1,U_2),(U_3,U_4),(U_5,U_6,U_7,U_9,U_{10}),U_8,(U_{11},U_{12}),(U_{13},U_{14},U_{15}),(U_{16},U_{17},U_{18})\}$$

结合电信客户 A 在识别指标 c_1 上的取值为 2 的情形（即 $c_1=2$），在 $U/\{c_1, D\}$ 的基础之上可得到 $B_1=\{(U_{11},U_{12}),(U_{16},U_{17},U_{18})\}=\{d_2,d_3\}$，即在集合 B_1 中，所有对象的识别指标 c_1 上的取值为 2，但这些对象的状态属性（D）值并不相同。其中，对象 U_{11} 与 U_{12} 的状态属性值为“成熟期客户”（即 $D=d_2$），而对象 U_{16}，U_{17} 以及 U_{18} 的状态属性值为“衰退期客户”（即 $D=d_3$）。根据定义 3.10 中的决策规则强度计算公式（3-12），可算得对象集 $\{U_{11}, U_{12}\}$ 所对应的决策规则强度为：

$$\mu_{d_2}=\frac{|d_2\cap B_1|}{|B_1|}=\frac{39+37}{39+37+23+18+21}=0.551$$

同理，可算得对象集 $\{U_{16}, U_{17}, U_{18}\}$ 所对应的决策规则强度为：

$$\mu_{d_3}=\frac{|d_3\cap B_1|}{|B_1|}=\frac{23+18+21}{39+37+23+18+21}=0.449$$

由于在 $c_1=2$ 的情形下，决策表3-3中不存在任何对象的状态属性值为成长期客户（即 $D=d_1$）。因此，$\mu_{d_1}=0$。

根据公式（3-17），可计算出在 $c_1=2$ 情形下，识别指标 c_1 的证据支持度 β_{c_1,d_1}，β_{c_1,d_2}，β_{c_1,d_3}。

$$\beta_{c_1,d_1}=\frac{\mu_{d_1}}{1+\mu_{d_1}\mu_{d_2}\mu_{d_3}}=\frac{0}{1+0.551\times0.449\times0}=0$$

$$\beta_{c_1,d_2}=\frac{\mu_{d_2}}{1+\mu_{d_1}\mu_{d_2}\mu_{d_3}}=\frac{0.551}{1+0.551\times0.449\times0}=0.551$$

$$\beta_{c_1,d_3}=\frac{\mu_{d_3}}{1+\mu_{d_1}\mu_{d_2}\mu_{d_3}}=\frac{0.449}{1+0.551\times0.449\times0}=0.449$$

β_{c_1,d_1}，β_{c_1,d_2}，β_{c_1,d_3}分别表示在 $c_1=2$ 的情形下，推断出客户A为“成长期客户”的证据支持度为0，为“成熟期客户”的证据支持度为0.551，为“衰退期客户”的证据支持度为0.449。

同样，对于识别指标 c_2 而言，决策信息表3-3中的对象集 U 在由识别指标 c_2 与决策属性 D 所构成的集合 $\{c_2, D\}$ 上的划分为：

$$U/\{c_2,D\}=\{U_1,(U_2,U_3,U_4),(U_5,U_9),(U_6,U_7,U_8,U_{10},U_{11},U_{12}),\\(U_{13},U_{15},U_{16}),U_{14},(U_{17},U_{18})\}$$

结合客户A在识别指标 c_2 上取值为1的情形（即 $c_2=1$），在 $U/\{c_2, D\}$ 的基础之上可得到 $B_2=\{(U_{17},U_{18})\}=\{d_3\}$。

根据定义3.10中的决策规则强度计算公式（3-12），可算得对象集 $\{U_{17}, U_{18}\}$ 所对应的决策规则强度为：

$$\mu_{d_3}=\frac{|d_3\cap B_2|}{|B_2|}=\frac{18+21}{18+21}=1$$

由于在 $c_2=1$ 的情形下，决策表3-3中不存在任何对象的状态属性值为“成长期客户”（即 $D=d_1$）或“成熟期客户”（即 $D=d_2$）。所以，$\mu_{d_1}=0$，$\mu_{d_2}=0$。

根据公式（3-17），可计算出在 $c_2=1$ 情形下，识别指标 c_2 的证据支持度 β_{c_2,d_1}，β_{c_2,d_2}，β_{c_2,d_3}。

$$\beta_{c_2,d_1}=0,\quad \beta_{c_2,d_2}=0,\quad \beta_{c_2,d_3}=1$$

最后，对于识别指标 c_2 而言，同上述过程可得到对象集 U 在由识别指标 c_3

与决策属性 D 所构成的集合 $\{c_3, D\}$ 上的划分为：

$$U/\{c_3,D\}=\{U_1,(U_2,U_3),U_4,(U_5,U_6,U_{12}),(U_7,U_8,U_9,U_{11}),\\U_{10},U_{13},(U_{14},U_{15},U_{16},U_{17}),U_{18}\}$$

结合客户 A 在识别指标 c_3 上取值为 2 的情形（即 $c_3=2$），在 $U/\{c_3, D\}$ 的基础之上可得到 $B_3=\{U_{10},(U_{14},U_{15},U_{16},U_{17})\}=\{d_2,d_3\}$。

根据定义 3.10 中的决策规则强度计算公式（3-12），可分别得到对象集 $\{U_{10}\}$ 与 $\{U_{14}, U_{15}, U_{16}, U_{17}\}$ 所对应的决策规则强度 μ_{d_2}，μ_{d_3}。

$$\mu_{d_2}=\frac{|d_2\cap B_3|}{|B_3|}=\frac{47}{47+28+50+23+18}=0.283$$

$$\mu_{d_3}=\frac{|d_3\cap B_3|}{|B_3|}=\frac{28+50+23+18}{47+28+50+23+18}=0.717$$

由于在 $c_3=2$ 的情形下，决策表 3-3 中不存在任何对象的状态属性值为“成长期客户”（即 $D=d_1$），故 $\mu_{d_1}=0$。

根据公式（3-17），可计算出在 $c_3=2$ 情形下，识别指标 c_3 的证据支持度 β_{c_3,d_1}，β_{c_3,d_2}，β_{c_3,d_3}。

$$\beta_{c_3,d_1}=0,\beta_{c_3,d_2}=0.283,\beta_{c_3,d_3}=0.717$$

（二）各识别指标的证据合成

前文中求得了各识别指标在客户 A 情形下的证据支持度，下面采用本章第三节中的方法将各识别指标的证据支持度进行合成，从而对客户 A 所处的生命周期阶段进行识别。具体过程如下：

首先，对识别指标 c_1 与 c_2 的证据支持度进行合成。由表 3-4 可知，c_1 与 c_2 对应的权重分别为 $W_{c_1}=0.495$，$W_{c_2}=0.285$。根据公式（3-11），可得出识别指标 c_1 的证据置信度 m_{c_1,d_1}，m_{c_1,d_2}和 m_{c_1,d_3}。

$$m_{c_1,d_1}=\beta_{c_1,d_1}W_{c_1}=0\times0.495=0$$

$$m_{c_1,d_2}=\beta_{c_1,d_2}W_{c_1}=0.551\times0.495=0.273$$

$$m_{c_1,d_3}=\beta_{c_1,d_3}W_{c_1}=0.449\times0.495=0.222$$

同时，依据公式（3-18），可算得$\overline{m}_{c_1,\Theta}$与$\tilde{m}_{c_1,\Theta}$。

$$\overline{m}_{c_1,\Theta}=1-W_{c_1}=1-0.495=0.505$$

$$\tilde{m}_{c_1,\Theta}=W_{c_1}\left(1-\sum_{i=1}^{3}\beta_{c_1,d_i}\right)=0.495\times[1-(0+0.551+0.449)]=0$$

根据公式（3-20），可算出 $m_{c_1,\Theta}$。

$$m_{c_1,\Theta}=\overline{m}_{c_1,\Theta}+\tilde{m}_{c_1,\Theta}=0.505+0=0.505$$

同理，根据公式（3-11）可得出识别指标 c_2 的证据置信度 m_{c_2,d_1}，m_{c_2,d_2} 和 m_{c_2,d_3}。

$$m_{c_2,d_1}=\beta_{c_2,d_1}W_{c_2}=0\times0.285=0$$
$$m_{c_2,d_2}=\beta_{c_2,d_2}W_{c_2}=0\times0.285=0$$
$$m_{c_2,d_3}=\beta_{c_2,d_3}W_{c_2}=1\times0.285=0.285$$

同上述过程，由公式（3-18），可算得 $\overline{m}_{c_2,\Theta}$，$\tilde{m}_{c_2,\Theta}$ 与 $m_{c_2,\Theta}$。

$$\overline{m}_{c_2,\Theta}=0.715,\tilde{m}_{c_2,\Theta}=0,m_{c_2,\Theta}=0.715$$

接着，运用本章第三节中的递归算法对 c_1 与 c_2 的证据置信度进行合成。具体过程如下：

令 $m_{(1),d_i}=m_{c_1,d_i}(i=1,2,3)$，故 $m_{(1),d_1}=m_{c_1,d_1}=0,m_{(1),d_2}=m_{c_1,d_2}=0.273$，$m_{(1),d_3}=m_{c_1,d_3}=0.222$

根据公式（3-23），可算出信度系数 $K_{(2)}$。

$$\begin{aligned}K_{(2)}&=\left(1-\sum_{i=1}^{3}\sum_{\substack{j=1\\i\neq j}}^{3}m_{1(1),d_i}m_{c_2,d_j}\right)^{-1}\\&=[1-(m_{(1),d_1}m_{c_2,d_2}+m_{(1),d_1}m_{c_2,d_3}+m_{(1),d_2}m_{c_2,d_1}+\\&\quad m_{(1),d_2}m_{c_2,d_3}+m_{(1),d_3}m_{c_2,d_1}+m_{(1),d_3}m_{c_2,d_2})]^{-1}\\&=[1-(0+0+0+0.273\times0.285+0+0)]^{-1}=1.085\end{aligned}$$

根据公式（3-19），算得 $m_{(2),d_1}$，$m_{(2),d_2}$，$m_{(2),d_3}$。

$$\overline{m}_{(1),\Theta}=\overline{m}_{c_1,\Theta}=0.505,\tilde{m}_{(1),\Theta}=\tilde{m}_{c_1,\Theta}=0,m_{(1),\Theta}=m_{c_1,\Theta}=0.505$$

$$\begin{aligned}m_{(2),d_1}&=K_{(2)}(m_{(1),d_1}m_{c_2,d_1}+m_{(1),d_1}m_{c_2,\Theta}+m_{(1),\Theta}m_{c_2,d_1})\\&=1.085\times(0\times0+0\times0.715+0.505\times0)=0\end{aligned}$$

$$\begin{aligned}m_{(2),d_2}&=K_{(2)}(m_{(1),d_2}m_{c_2,d_2}+m_{(1),d_2}m_{c_2,\Theta}+m_{(1),\Theta}m_{c_2,d_2})\\&=1.085\times(0.273\times0+0.273\times0.715+0.505\times0)=0.212\end{aligned}$$

$$\begin{aligned}m_{(2),d_3}&=K_{(2)}(m_{(1),d_3}m_{c_2,d_3}+m_{(1),d_3}m_{c_2,\Theta}+m_{(1),\Theta}m_{c_2,d_3})\\&=1.085\times(0.222\times0.285+0.222\times0.715+0.505\times0.285)=0.397\end{aligned}$$

根据公式（3-21）与公式（3-22），可算得 $\overline{m}_{(2),\Theta}$ 和 $\tilde{m}_{(2),\Theta}$。

$$\begin{aligned}\tilde{m}_{(2),\Theta}&=K_{(2)}(\tilde{m}_{(1),\Theta}\tilde{m}_{c_2,\Theta}+\overline{m}_{(1),\Theta}\tilde{m}_{c_2,\Theta}+\tilde{m}_{(1),\Theta}\overline{m}_{c_2,\Theta})\\&=1.085\times(0\times0+0.505\times0+0\times0.715)=0\end{aligned}$$

$$\overline{m}_{(2),\Theta}=K_{(2)}\overline{m}_{(1),\Theta}\overline{m}_{c_2,\Theta}=1.085\times0.505\times0.715=0.391$$

根据公式（3-20），可算得 $m_{(2),\Theta}$。

$$m_{(2),\Theta}=\tilde{m}_{(2),\Theta}+\overline{m}_{(2),\Theta}=0+0.391=0.391$$

接着，重复上述过程，将 c_1 与 c_2 合成后的证据置信度与 c_3 的证据置信度进行合成。首先，与 c_1 和 c_2 的证据置信度的计算过程相同，通过公式（3-11），可算得 c_3 的证据置信度。

$$\begin{aligned}m_{c_3,d_1}&=\beta_{c_3,d_1}W_{c_3}=0\times0.22=0\\m_{c_3,d_2}&=\beta_{c_3,d_2}W_{c_3}=0.551\times0.22=0.121\\m_{c_3,d_3}&=\beta_{c_3,d_3}W_{c_3}=0.449\times0.22=0.099\end{aligned}$$

依据公式（3-18）与公式（3-20），可算得$\overline{m}_{c_3,\Theta}$，$\tilde{m}_{c_3,\Theta}$和 $m_{c_3,\Theta}$。

$$\overline{m}_{c_3,\Theta}=0.78,\tilde{m}_{c_3,\Theta}=0,m_{c_3,\Theta}=0.78$$

同前文的证据合成的递归算法过程，由公式（3-23）可算出信度系数 $K_{(3)}$。

$$\begin{aligned}K_{(3)}&=\left(1-\sum_{i=1}^{3}\sum_{\substack{j=1\\i\neq j}}^{3}m_{(2),d_i}m_{c_3,d_j}\right)^{-1}\\&=[1-(m_{(2),d_1}m_{c_3,d_2}+m_{(2),d_1}m_{c_3,d_3}+m_{(2),d_2}m_{c_3,d_1}+m_{(2),d_2}m_{c_3,d_3}+\\&\quad m_{(2),d_3}m_{c_3,d_1}+m_{(2),d_3}m_{c_3,d_2})]^{-1}\\&=[1-(0+0+0+0.212\times0.099+0+0.397\times0.121)]^{-1}=1.074\end{aligned}$$

由公式（3-19），可算得 $m_{(3),d_1}$，$m_{(3),d_2}$，$m_{(3),d_3}$。

$$\begin{aligned}m_{(3),d_1}&=K_{(3)}(m_{(2),d_1}m_{c_3,d_1}+m_{(2),d_1}m_{c_3,\Theta}+m_{(2),\Theta}m_{c_3,d_1})\\&=1.074\times(0\times0+0\times0.78+0.391\times0)=0\\m_{(3),d_2}&=K_{(3)}(m_{(2),d_2}m_{c_3,d_2}+m_{(2),d_2}m_{c_3,\Theta}+m_{(2),\Theta}m_{c_3,d_2})\\&=1.074\times(0.212\times0.121+0.212\times0.78+0.391\times0.121)=0.256\\m_{(3),d_3}&=K_{(3)}(m_{(2),d_3}m_{c_3,d_3}+m_{(2),d_3}m_{c_3,\Theta}+m_{(2),\Theta}m_{c_3,d_3})\\&=1.074\times(0.397\times0.099+0.397\times0.78+0.391\times0.099)=0.417\end{aligned}$$

由公式（3-21）与公式（3-22），可算得$\overline{m}_{(3),\Theta}$和$\tilde{m}_{(3),\Theta}$。

$$\begin{aligned}\tilde{m}_{(3),\Theta}&=K_{(3)}(\tilde{m}_{(2),\Theta}\tilde{m}_{c_3,\Theta}+\overline{m}_{(2),\Theta}\tilde{m}_{c_3,\Theta}+\tilde{m}_{(2),\Theta}\overline{m}_{c_3,\Theta})\\&=1.074\times(0\times0+0.391\times0+0\times0.78)=0\\\overline{m}_{(3),\Theta}&=K_{(3)}\overline{m}_{(2),\Theta}\overline{m}_{c_3,\Theta}=1.074\times0.391\times0.78=0.327\end{aligned}$$

由公式（3-20），可算得 $m_{(3),\Theta}$。

$$m_{(3),\Theta}=\tilde{m}_{(3),\Theta}+\bar{m}_{(3),\Theta}=0+0.327=0.327$$

至此，识别指标的证据合成结束。根据本章第三节中的公式（3-24）与（3-25）可计算出客户 A 在识别指标集 $\{c_1, c_2, c_3\}$ 上的综合信度。

$$\beta_{d_1}=\frac{m_{(3),d_1}}{1-\bar{m}_{(3),\Theta}}=\frac{0}{1-0.327}=0, \quad \beta_{d_2}=\frac{m_{(3),d_2}}{1-\bar{m}_{(3),\Theta}}=\frac{0.256}{1-0.327}=0.38$$

$$\beta_{d_3}=\frac{m_{(3),d_3}}{1-\bar{m}_{(3),\Theta}}=\frac{0.417}{1-0.327}=0.62, \quad \beta_{\Theta}=\frac{m_{(3),\Theta}}{1-\bar{m}_{(3),\Theta}}=\frac{0}{1-0.316}=0$$

式中 β_{d_1}——客户 A 为“成长期客户”的综合证据置信度；

β_{d_2}——客户 A 为“成熟期客户”的综合证据置信度；

β_{d_3}——客户 A 为“衰退期客户”的综合证据置信度。

β_{Θ}——不能确定客户 A 为何种类型客户的证据置信度。

由上述的结果可知：客户 A 为“成长期客户”的综合证据置信度为 0，为“成熟期客户”的综合证据置信度为 0.38，为“衰退期客户”的综合证据置信度为 0.62，不确定 A 为何种类型客户的综合证据置信度为 0。因此，可以推断出客户 A 为“衰退期客户”。

第五节　本 章 小 结

首先运用客户生命周期理论分析了生命周期各阶段客户的特点，在此基础之上提出个体客户所处生命阶段的识别指标，并运用粗糙集中的属性重要度计算方法确定了各识别指标的客观权重，同时结合专家经验给出的主观权重合成了各识别指标的综合权重；然后，以各识别指标为证据，运用决策规则强度的计算方法计算出各指标的证据支持度；最后，运用证据推理方法结合客户在各识别指标上的取值对客户所处的生命周期阶段进行识别。

第四章　生命周期各阶段客户的平均剩余生命周期的度量

客户的平均剩余生命周期是指当前所处生命周期某个阶段（如成长期客户）的客户从其当前状态到达流失状态所经历的平均时长。通过生命周期各阶段客户的平均剩余生命周期可推算出个体客户的剩余生命周期，而个体客户的剩余生命周期的长短决定着客户价值的大小。因此，测算生命周期各阶段客户的平均剩余生命周期，对客户的剩余生命周期的度量有重要的意义。

第一节　生命周期各阶段客户的状态转化过程分析

在客户生命周期理论中，客户的状态并非一成不变，客户的状态往往随着时间的推移而发生变化（如客户在一段时间内由成长期客户变为成熟期客户）。在客户状态转移的过程中往往伴随着企业与客户之间关系的动态调整，客户关系的调整往往对客户的剩余生命周期有着重要的影响。因此，在生命周期各阶段内客户状态的转化过程对客户的平均剩余生命周期的计算有重要的意义。

一、生命周期各阶段客户的状态转化空间

（一）考察期客户的状态转化空间

1. 考察期→成长期

在半契约交易情形下，处于考察期的客户是指与企业有所接触但并未与企业建立正式契约关系的客户，在此阶段，企业与客户均从自身获益的角度出发，考虑是否与对方建立契约关系。企业视客户为潜在客户，会为客户提供试用产品或者服务体验，所以企业的利润几乎为零甚至为负。在客户进行产品试用或服务体验的过程中，客户与企业双方会就彼此之间的合作意向进行考察，若双方相互满意，则会建立正式的契约关系，企业与客户之间的关系会由考察期进入成长期。如图 4-1 所示，在 $[0, t_1]$ 时间段内客户为考察期客户，到了 $[t_1, t_2]$ 时间段内，客户状态转变为成长期客户。

2. 考察期→流失期

在考察期内，如果客户对企业为其提供的试用产品或服务不满意，或者企业认为客户无法达到企业的要求，则双方不会建立契约关系，企业也就终止向客户

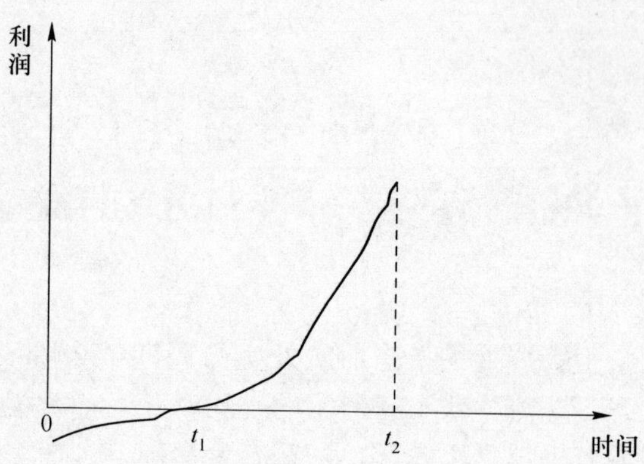

图 4-1　考察期→成长期客户状态转化图

提供试用的产品和服务，企业的获利由负数变为零。此时，对于企业而言，此客户被归为流失客户的序列。如图 4-2 所示，在［0，t_1］时间段内客户为考察期客户，而到了 t_1 时刻，客户转入流失状态。

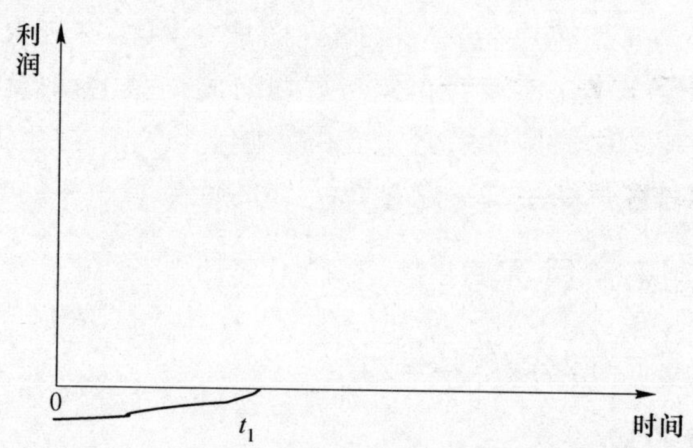

图 4-2　考察期→流失期客户状态转化图

（二）成长期客户的状态转化

1. 成长期→成长期

若在当前时期客户与企业的关系处于蜜月期，双方均从交易中获得较大的收益，客户对企业为其提供的产品或服务非常满意，双方间交易金额、交易频率及客户对企业的利润贡献持续上升。如图 4-3 所示，在［t_1，t_2］时间段内为成长期客户；而到了当前时期的下一个时期，即图 4-3 中的时间段［t_2，t_3］，企业与客户之间的交易额、交易频率、客户对企业的利润贡献等仍旧持续快速增长，因而在此时间段内，客户仍为成长期客户。

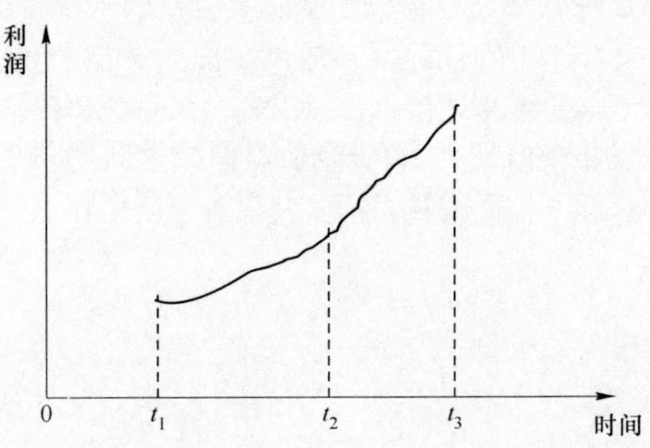

图 4-3 成长期→成长期客户状态转化图

2. 成长期→成熟期

客户关系经过一段时间的高速发展，企业与客户之间的关系开始趋于稳定，表现为双方之间交易金额、交易频率以及客户对企业的利润贡献等开始趋于平稳。如图 4-4 所示，在 $[t_1, t_2]$ 时期（即当前时期），双方之间交易金额、交易频率以及客户对企业的利润贡献快速增长，所以客户关系处于成长期；而在 $[t_2, t_3]$ 时期（即下一时期），企业与客户之间的交易额、交易频率以及客户的利润贡献基本不再上涨，开始趋于稳定，在此时间段内客户为成熟期客户。

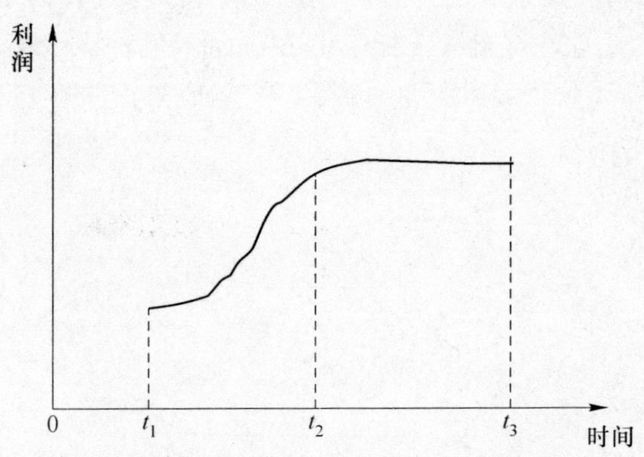

图 4-4 成长期→成熟期客户状态转化图

3. 成长期→衰退期

企业与客户之间的关系经过一段时间的快速发展后，由于客户的某些方面的需求企业无法有效的满足，客户开始考虑更换合作伙伴，因此企业与客户间的关系开始降温，开始出现交易额、交易频率以及客户的利润贡献大幅下滑的情形。如图 4-5 所示，在［t_1，t_2］时期（即当前时期），双方之间交易金额、交易频率以及客户对企业的利润贡献快速增长，所以客户关系处于成长期；而在［t_2，t_3］时期（即当前时期的下一时期），由于企业与客户之间的交易额、交易频率以及客户对企业的利润贡献开始出现较大幅度的下滑，所以在此时间段内，客户转变为衰退期客户。

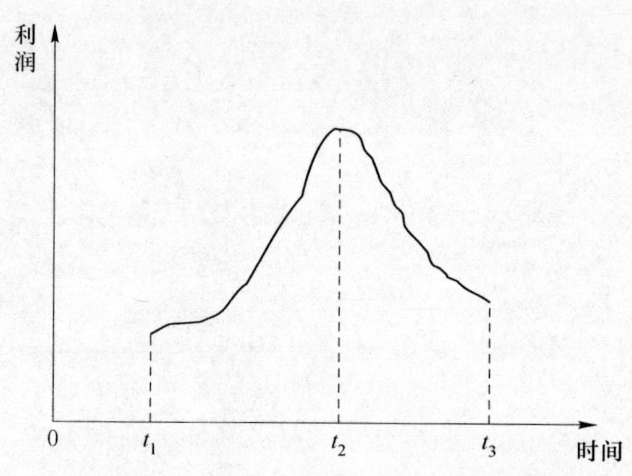

图 4-5　成长期→衰退期客户状态转化图

4. 成长期→流失期

企业与客户之间的关系经过一段时间的快速发展后，客户由于某些特殊原因，突然解除与企业之间的契约关系（如电信客户由于某种原因必须长时间离开其所在城市。此时，客户被迫选择销户，即客户突然成为流失客户）。如图 4-6 所示，

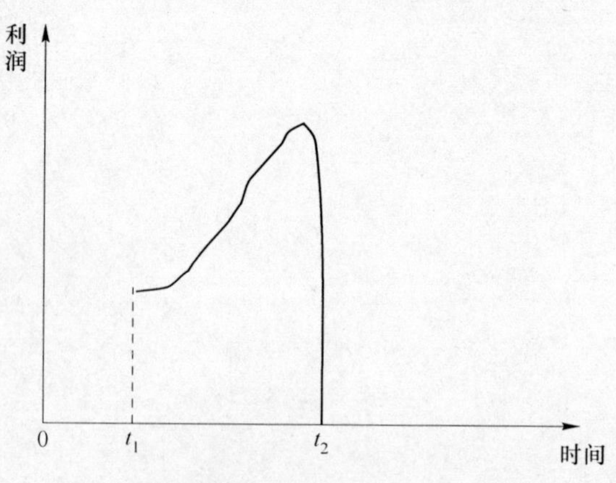

图 4-6　成长期→流失期客户状态转化图

在 $[t_1, t_2)$ 时期（即当前时期），双方之间交易金额、交易频率以及客户对企业的利润贡献快速增长，所以客户关系处于成长期；而到了 t_2 时刻点，客户由于某种原因，突然与企业解除了契约关系。因此，此时企业与客户间的交易额，交易频率以及客户对企业的利润贡献瞬间降为零，客户状态转为流失客户。

（三）成熟期客户的状态转化

1. 成熟期→成熟期

在当前时期，企业与客户间的关系进入成熟期，客户的需求已基本得到满足，客户对企业较满意。由于客户需求基本得到满足，所以双方的较量额、交易频率维持恒定。如图 4-7 所示，在 $[t_1, t_2]$ 时期（即当前时期），双方之间交易金额以及客户对企业的利润贡献较大且较为稳定，所以客户关系处于成熟期。而在 $[t_2, t_3]$ 时期（即当前时期的下一时期），客户对企业的利润贡献以及双方间的交易额等相对上一时期几乎无变化，仍较为稳定，所以客户状态仍为成熟期客户。

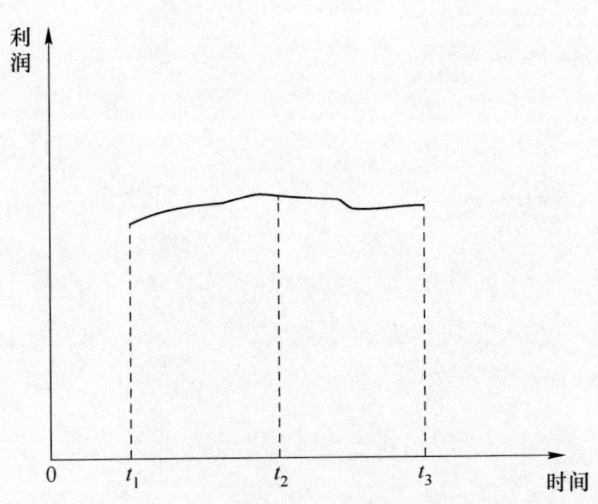

图 4-7 成熟期→成熟期客户状态转化图

2. 成熟期→成长期

企业与客户间的关系进入成熟期后，由于企业开发了新的产品或者服务，这刺激了客户新的需求，从而引起客户与企业间交易额、交易频率再次大幅上升，从而使客户重新进入成长期。如图 4-8 所示，在 $[t_1, t_2]$ 时间段内为成熟期客户，而在 $[t_2, t_3]$ 时间段内，客户对企业的利润贡献等再次快速上升，客户再次成为成长期客户。

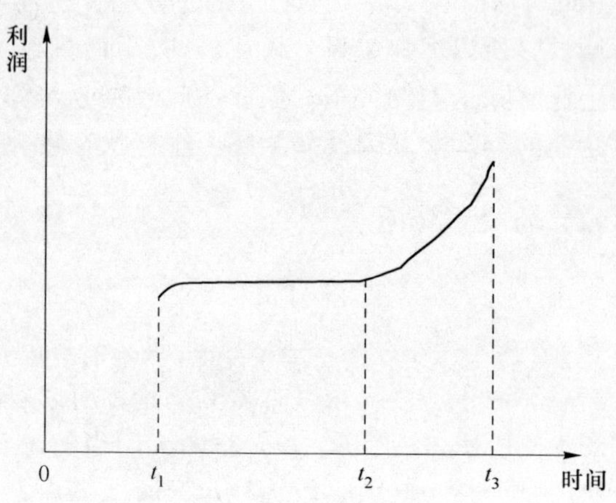

图 4-8　成熟期→成长期客户状态转化图

3. 成熟期→衰退期

企业与客户间的关系进入成熟期后，由于企业对客户的需求逐渐难以满足，或者客户逐渐在市场中发现能够为自己提供更好服务或产品的其他企业，此时，客户开始逐步转向与其他企业建立合作关系，客户开始考虑减少与企业之间的交易，具体表现为企业与客户间的交易金额以及客户对企业的利润贡献等开始出现大幅下滑。如图 4-9 所示，在 $[t_1, t_2]$ 时期内（即当前时期），客户对企业的利润贡献、双方间的交易额等相对较大且比较稳定，因此客户为成熟期客户；而在 $[t_2, t_3]$ 时期，由于上述的原因等，客户对企业的利润贡献以及交易额等开始出现大幅下滑的情形，客户状态变为衰退期客户。

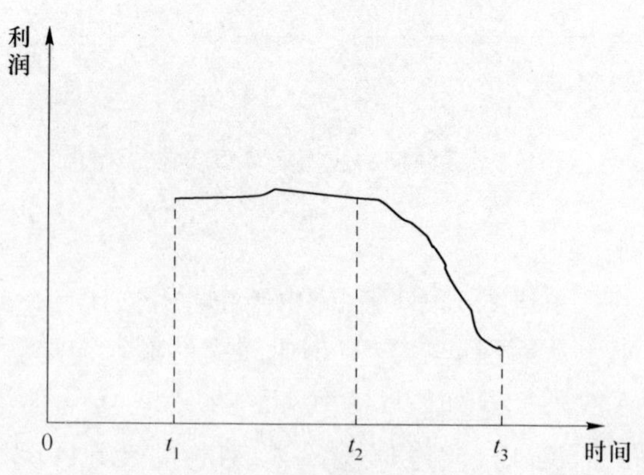

图 4-9　成熟期→衰退期客户状态转化图

4. 成熟期→流失期

企业与客户间的关系进入成熟期后，由于某些特殊的原因（如：电信客户离开本地去异地生活或者客户需要出国一段时间），客户突然解除与企业之间的契约关系，客户变为流失客户。如图 4-10 所示，在［t_1，t_2）时期，客户的利润贡献较高且较为稳定，客户为成熟期客户；而到了 t_2 时刻点，客户由于某种原因突然流失，客户对企业的利润贡献以及交易等瞬间降为零。图 4-10 中的客户利润曲线出现了断崖式下滑。

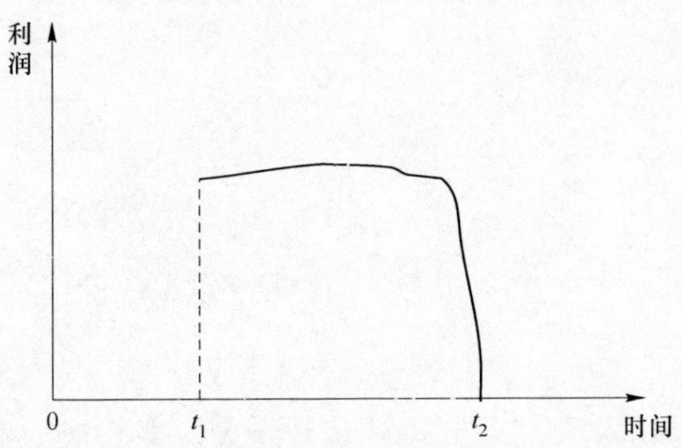

图 4-10　成熟期→流失期客户状态转化图

（四）衰退期客户的状态转化

1. 衰退期→衰退期

企业与客户间的关系进入衰退期后，企业由于对客户挽留工作不到位或者其他方面的原因（如竞争对手给予客户更加优惠的待遇，导致客户产生了流失倾向），导致客户的流失倾向进一步加剧。企业与客户间的关系进入持续快速的衰退通道，企业与客户之间的交易金额、交易频率下滑幅度加大。如图 4-11 所示，在［t_1，t_2］时期，客户对企业的利润贡献曲线开始出现大幅下滑，客户进入衰退期；而到［t_2，t_3］时期内，情况并未改变，客户对企业的利润贡献及交易额等仍旧处于快速下滑情形。客户对企业的利润贡献曲线的下滑趋势进一步加大，客户的利润贡献快速下降，但客户仍有一定的利润贡献。因此，客户仍旧处于衰退期状态。

2. 衰退期→成长期

企业与客户间的关系进入衰退期后，企业及时发现客户的流失倾向，并积极地针对客户采取相应的挽留措施。由于企业对客户的挽留工作初见成效，企业与客户间的关系开始回暖，客户对企业的利润贡献以及交易额等开始止住下滑的势

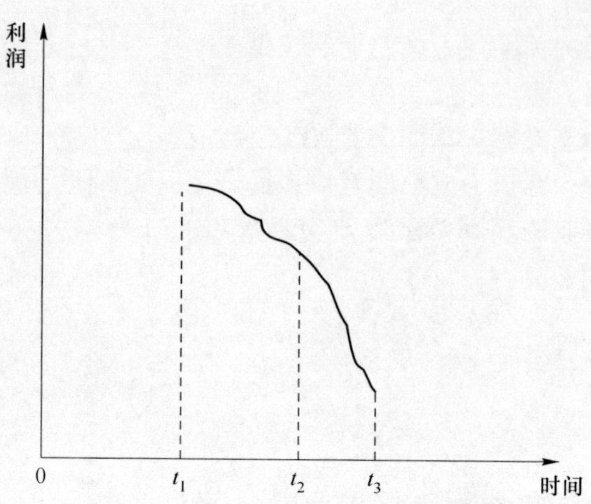

图 4-11　衰退期→衰退期客户状态转化图

头，并重新进入快速上升通道。如图 4-12 所示，在 $[t_1, t_2]$ 时期内，由于客户对企业的利润贡献以及交易额等指标快速下滑，客户成为衰退期客户。而在 $[t_2, t_3]$ 时期，由于企业及时采取有效挽留措施，客户与企业间的关系得到了改善，客户与企业间的交易额、交易频率得以回升，客户状态重新进入成长期阶段。

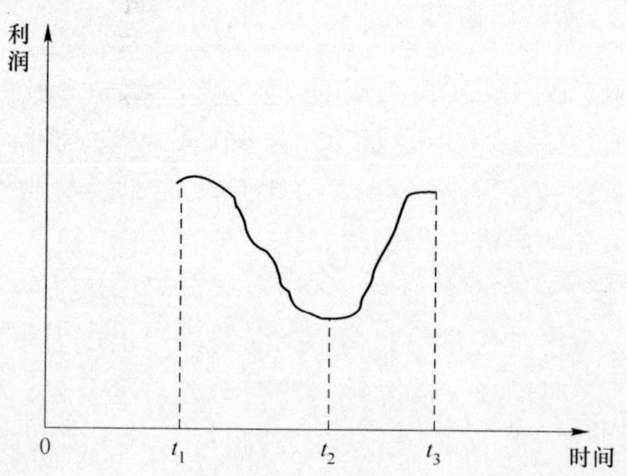

图 4-12　衰退期→成长期客户状态转化图

3. 衰退期→成熟期

企业与客户间的关系进入衰退期后，客户在企业的挽留措施以及流失成本（如电信客户在更换运营商时，会带来客户积分的损失以及人际关系的损失，客户可能不会换号，但客户会两个号码同时使用）等因素的共同作用下，客户与企业间的交易额、交易频率以及客户对企业的利润贡献等指标止住了下滑的势头，开始重新保持平稳状态，客户重新回到成熟期状态。如图 4-13 所示，在［t_1，t_2］时期，由于客户对企业的利润贡献以及交易额等快速的下滑，客户被企业视为衰退期客户。而到了［t_2，t_3］时期，由于上述各种因素的共同作用，客户与企业间的关系趋于缓和，客户对企业的利润贡献以及交易额等虽无法达到以前的利润水平，但仍具有相当的利润水平且保持稳定，因此客户的状态重新进入新的成熟期。

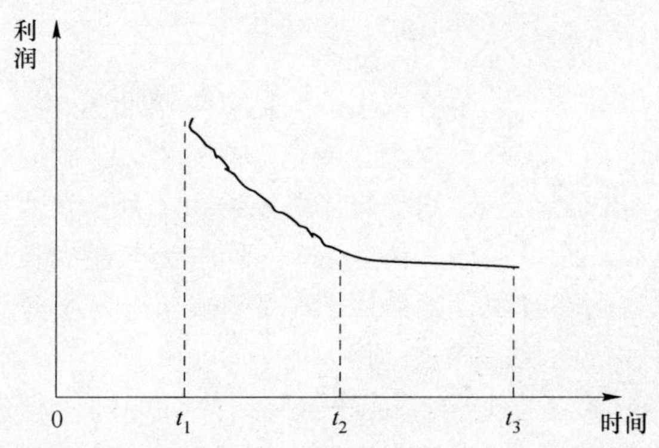

图 4-13　衰退期→成熟期客户状态转化图

4. 衰退期→流失期

企业与客户间的关系持续衰退一段时间后，客户已决定解除与企业之间的契约关系，即客户结束与企业之间的合作关系。客户对企业的利润贡献以及客户与企业之间的交易额等变为零。客户状态转变为“流失”。如图 4-14 所示，在

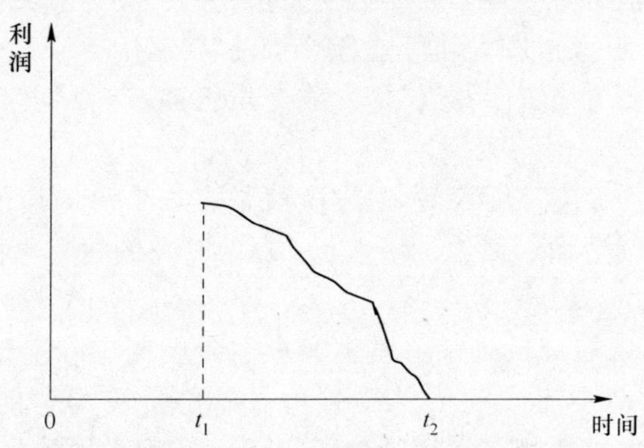

图 4-14　衰退期→流失期客户状态转化图

$[t_1, t_2)$ 期间，客户对企业的利润贡献及交易额大幅度下降，客户被企业视为衰退期客户，企业与客户之间的关系经过一段时间的持续衰退，客户的利润贡献开始逐步趋近于零。到了 t_2 时刻，客户正式解除与企业间的契约关系，客户对企业的利润贡献及交易额变为零，客户状态成为流失客户。

5. 流失期客户的状态转化

流失期为客户生命周期的终点，即客户一旦成为流失客户，客户与企业之间的契约关系也就结束了，客户的生命周期也就结束了。此阶段客户的状态不再发生改变。

二、生命周期各阶段客户的状态转化

经过前文的分析可知，整个客户生命周期以考察期为起点（即在半契约交易情形下，客户在考察期与客户确立正式的合作关系），以流失期为终点（即客户一旦进入流失期，客户与企业之间的合作关系结束，处于流失状态的客户无法转化为成长期、成熟期及衰退期等其他状态），客户状态在成长期、成熟期及衰退期处于可相互转化的动态过程。生命周期中的考察期、成长期、成熟期、衰退期以及流失期等阶段客户的状态转化过程如下：

（1）对于考察期的客户而言，通过前文的分析可知，客户的状态转化存在两种情形：一是客户由考察期进入成长期；二是客户在考察期中直接流失。

（2）对于成长期的客户而言，客户的状态转化有四种可能的情形：一是客户保持当前的成长期状态不变；二是客户由成长期进入成熟期，变为成熟期客户；三是客户跨越成熟期直接进入衰退期，成为衰退期客户；四是客户在当前状态下直接流失，成为流失客户。

（3）对于成熟期的客户而言，其状态的演变，同样存在四种可能性：一是保持当前状态不变，仍为成熟期客户；二是进入下一阶段成为衰退期客户；三是回到成长期，重新成为成长期客户；四是直接流失，成为流失客户。

（4）对于衰退期的客户，其可能保持当前状态不变，可能进入下一阶段成为流失客户，也可能重新回到成长期，成为成长期客户，再或者重新回到成熟期，成为成熟期客户。

（5）对于流失期的客户而言，流失阶段是客户生命周期的终点，一旦成为流失客户，则客户的生命周期也就结束了，此时客户的状态再也无法转变为其他状态。

因此，通过上述的分析可知：整个客户生命周期实际上是以考察期→成长期→成熟期→衰退期→流失期为基本顺序，每个阶段均可能直接进入流失阶段，且成长期、成熟期以及衰退期三个阶段能够相互转化的动态过程，如图 4-15 所示。

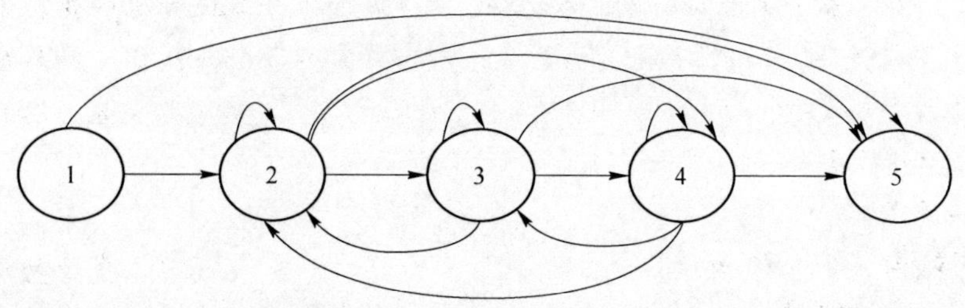

图 4-15　生命周期各阶段客户的状态转化过程
1—处于考察期的客户；2—处于成长期的客户；3—处于成熟期的客户；
4—处于衰退期的客户；5—处于流失状态的客户

第二节　生命周期各阶段客户平均剩余生命周期的度量模型

由图 4-15 可知，客户下一阶段的状态仅由客户当前的状态所决定，而与之前的状态无关，所以客户在生命周期各阶段的状态演化过程具有无后向性。同时，分析图 4-15 可知，不管处于任何状态的客户，其一旦进入流失阶段（即客户状态变为“流失”状态），客户的状态就不会发生变化了（即流失状态不能转变为其他状态），因此客户的流失状态为吸收态。基于上述原因，可以认为客户在生命周期各阶段的状态演化过程是一个以考察期为起点，以流失期为吸收壁的带单侧吸收壁的马尔可夫链。因此，可以采用马尔可夫决策的方法来对生命周期各阶段客户的平均剩余生命周期进行度量。

一、马尔可夫链中的相关概念

定义 4.1：设 T 为一个有限集合或者一个无限可数集合，$T=\{0,1,\cdots,k\}$ 或 $T=\{0,1,2,\cdots\}$。存在取值于 T 的一随机变量族 $\{x_n\}$，$n=0$，1，2，…，此时，称 $X=\{x_n,n\geqslant 0\}$ 为随机序列。若 $X=\{x_n,n\geqslant 0\}$ 满足：

$$P(x_{k+1}=j \mid x_0=i_0,x_1=i_1,\cdots,x_{k-1}=i_{k-1},x_k=i)=P(x_{k+1}=j \mid x_k=i) \quad (4\text{-}1)$$

其中，i_0，i_1，…，i_{k-1}，i_k，$i_{k+1}\in T$，简记 $i_k=i$，$i_{k+1}=j$，则称随机序列 $X=\{x_n,\ n\geqslant 0\}$ 为马尔科夫链，简称马氏链，T 为马尔科夫链 X 的状态空间，T 中的元素（如：i_0，i_1，…，i_{k-1}等）称为状态。

定义 4.2：通过公式（4-1）可知，对于马尔科夫链 X，$k+1$ 时期的状态值 x_{k+1}的条件概率仅与前一时期的状态 $x_k=i$ 有关，与 k 时期之前的状态无关。此时，称 $P(x_{k+1} \mid x_k=i)$为转移概率。

定义 4.3：$P(x_k=j \mid x_{k-1}=i)$为在 $k-1$ 时期出现状态 i 的条件下，在 k 时期

出现状态 j 的概率，记为 $p_{ij}(k)$，称 $p_{ij}(k)$ 为在 k 时期系统的状态由 i 转变到状态 j 的一步转移概率，由 $p_{ij}(k)$ 组成的矩阵，则称为 k 时期的一步概率转移矩阵，记为 $\boldsymbol{P}(k)$。

$$\boldsymbol{P}(k)=\begin{bmatrix} p_{11}(k) & p_{12}(k) & \cdots & p_{1n}(k) \\ p_{21}(k) & p_{22}(k) & \cdots & p_{2n}(k) \\ \vdots & \vdots & & \vdots \\ p_{m1}(k) & p_{m2}(k) & \cdots & p_{mn}(k) \end{bmatrix} \tag{4-2}$$

在公式（4-2）中，$p_{ij}(k)\geqslant 0,\ \sum_{j=1}^{n}p_{ij}(k)=1$。

定义 4.4：若在公式（4-2）存在某一行向量 $\boldsymbol{P}_j=(0,0,\cdots,p_{ij}=1,0,\cdots)$，则称状态 j 为吸收态。即：系统的状态在某一个时刻变为 j 后，其状态将停留在状态 j 上，而不会转变为其他的任何状态[165]。

定义 4.5：经过 s 步的转移后，系统的状态由 i 转变到状态 j 的概率称为 s 步状态转移概率，记为 p_{ij}^{s}。由 p_{ij}^{s} 组成的矩阵称为 s 步状态转移概率矩阵，记为 $\boldsymbol{P}^{(s)}$。

$$\boldsymbol{P}^{(s)}=\begin{bmatrix} p_{11}^{s} & p_{12}^{s} & \cdots & p_{1n}^{s} \\ p_{21}^{s} & p_{22}^{s} & \cdots & p_{2n}^{s} \\ \vdots & \vdots & & \vdots \\ p_{m1}^{s} & p_{m2}^{s} & \cdots & p_{mn}^{s} \end{bmatrix} \tag{4-3}$$

在公式（4-3）中，$p_{ij}^{s}\geqslant 0,\ \sum_{j=1}^{n}p_{ij}^{s}=1$。

定义 4.6：假设系统初始时刻的状态概率向量为 $\boldsymbol{P}_{(0)}$，则经过 s 步转移后，其状态概率向量为 $\boldsymbol{P}_{(s)}$，则 $\boldsymbol{P}_{(s)}$ 可表达为：

$$\boldsymbol{P}_{(s)}=\boldsymbol{P}_{(0)}\boldsymbol{P}^{(s)} \tag{4-4}$$

二、生命周期各阶段客户的平均剩余生命周期的度量方法

（一）客户状态转化概率矩阵

定义 4.7：设 $N_i(t-1)$ 为 $t-1$ 时期系统中处于状态 i 的客户人数，$N_{ij}(t-1,t)$ 为从第 $t-1$ 时期到第 t 时期，系统中从状态 i 转移到状态 j 的客户人数。则系统从第 $t-1$ 时期到第 t 时期间的客户状态转化概率矩阵[166]，记为 $\boldsymbol{P}_t=\{p_{ij}\}_{k\times k}$，其中：

$$p_{ij}=\frac{N_{ij}(t-1,t)}{N_i(t-1)} \tag{4-5}$$

假设当前时期为 t，则可用 $\boldsymbol{P}_{t,1}$，$\boldsymbol{P}_{t,2}$，$\boldsymbol{P}_{t,3}$，$\boldsymbol{P}_{t,4}$，$\boldsymbol{P}_{t,5}$ 分别表示处于考察期、成长期、成熟期、衰退期以及流失期状态的客户在下一时期（即 $t+1$ 时期）的状态转化概率向量。

在 t 时期，若客户为考察期客户（即客户的状态取值为1），由图4-15可知，在 $t+1$ 时期，客户的状态只能转变为成长期客户或者流失客户，可用 p_{12} 表示客户状态由考察期转变为成长期的概率，p_{15} 表示客户状态由考察期转变为流失期的概率。因此，在［t，$t+1$］时期中，成长期客户的状态转化向量 $\boldsymbol{P}_{t,1}$ 可表示为：$\boldsymbol{P}_{t,1}=(0,\ p_{12},\ 0,\ 0,\ p_{15})$，其中满足 $p_{12}+p_{15}=1$，且 $p_{12}\geqslant 0$，$p_{15}\geqslant 0$。

在 t 时期，若客户为成长期客户（即客户的状态取值为2），由图4-15可知，在 $t+1$ 时期，客户的状态可能为成长期、成熟期、衰退期以及流失期客户。可用 p_{22} 表示客户状态仍旧保持成长期不变的概率，p_{23} 表示客户状态由成长期转变为成熟期的概率，p_{24} 表示客户状态由成长期转变为衰退期的概率，p_{25} 表示客户状态由成长期转变为流失期的概率。因此，在［t，$t+1$］时期中，成长期客户的状态转化向量 $\boldsymbol{P}_{t,2}$ 可表示为：$\boldsymbol{P}_{t,2}=(0,\ p_{22},\ p_{23},\ p_{24},\ p_{25})$，其中满足 $p_{22}+p_{23}+p_{24}+p_{25}=1$，且 $p_{22}\geqslant 0$，$p_{23}\geqslant 0$，$p_{24}\geqslant 0$，$p_{25}\geqslant 0$。

在 t 时期，若客户为成熟期客户（即客户的状态取值为3），由图4-15可知，在 $t+1$ 时期，其状态可能转变为成长期、成熟期、衰退期以及流失期客户。可用 p_{32} 表示客户由成熟期回到成长期的概率，p_{33} 表示客户状态仍旧保持当前成熟期状态不变的概率，p_{34} 表示客户状态由成熟期转变衰退期的概率，p_{35} 表示客户状态由成熟期转变为流失期的概率。因此，在［t，$t+1$］时期中，成熟期客户的状态转化向量 $\boldsymbol{P}_{t,3}$ 可表示为：$\boldsymbol{P}_{t,3}=(0,\ p_{32},\ p_{33},\ p_{34},\ p_{35})$，其中满足 $p_{32}+p_{33}+p_{34}+p_{35}=1$，且 $p_{32}\geqslant 0$，$p_{33}\geqslant 0$，$p_{34}\geqslant 0$，$p_{35}\geqslant 0$。

在 t 时期，若客户为衰退期客户（即客户的状态取值为4），由图4-15可知，在 $t+1$ 时期，衰退期的客户可能转变为成长期、成熟期、衰退期以及流失期客户。可用 p_{42} 表示客户由衰退期回到成长期的概率，p_{43} 表示客户状态由衰退期回到成熟期状态的概率，p_{44} 表示客户状态仍旧保持衰退期状态不变的概率，p_{45} 表示客户由衰退期客户转变为流失期客户的概率。因此，在［t，$t+1$］时期中，衰退期客户的状态转化向量 $\boldsymbol{P}_{t,4}$ 可表示为：$\boldsymbol{P}_{t,4}=(0,\ p_{42},\ p_{43},\ p_{44},\ p_{45})$，其中满足 $p_{42}+p_{43}+p_{44}+p_{45}=1$，且 $p_{42}\geqslant 0$，$p_{43}\geqslant 0$，$p_{44}\geqslant 0$，$p_{45}\geqslant 0$。

最后，在 t 时期，若客户为流失期客户（即客户的状态取值为5），由图4-15可知，流失期为客户生命周期的终点，此状态为吸收态，即客户的状态一旦成为流失期状态，在 t 时期以后的时期，其状态再也无法转变为其他状态。所以，在［t，$t+1$］时期中，流失期客户的状态转化向量 $\boldsymbol{P}_{t,5}$ 可表示为：$\boldsymbol{P}_{t,5}=(0,0,0,0,1)$。

综合上述的分析可知，在 $[t,\ t+1]$ 时期中，客户生命周期各阶段的状态转化概率矩阵 $\boldsymbol{P}_t$ 可表示为：

$$\boldsymbol{P}_t = \begin{pmatrix} P_{t,1} \\ P_{t,2} \\ P_{t,3} \\ P_{t,4} \\ P_{t,5} \end{pmatrix} = \begin{pmatrix} 0 & p_{12} & 0 & 0 & p_{15} \\ 0 & p_{22} & p_{23} & p_{24} & p_{25} \\ 0 & p_{32} & p_{33} & p_{34} & p_{35} \\ 0 & p_{42} & p_{43} & p_{44} & p_{45} \\ 0 & 0 & 0 & 0 & 1 \end{pmatrix} \tag{4-6}$$

其中，需满足 $\sum_{j=1}^{5} p_{ij} = 1$，$p_{ij} \geqslant 0$。

定义 4.8：设系统有 M 个观测时期，$\boldsymbol{P}_t$ 为系统从第 t 时期到第 $t+1$ 时期之间的客户状态转化概率矩阵，则系统从初始时刻（即第 0 时期）到结束（即第 M 时期）期间的客户状态转化平均概率矩阵[167]，记为 $\boldsymbol{P}^*$。

$$\boldsymbol{P}^* = \frac{\sum_{t=1}^{M} \boldsymbol{P}_t}{M} \tag{4-7}$$

同样，由图 4-15 可知，成长期、成熟期以及衰退期的客户不能转变为考察客户且考察期的客户只能转变为成长期客户以及流失期客户。所以，$\boldsymbol{P}^*$ 也可表示为：

$$\boldsymbol{P}^* = \begin{pmatrix} 0 & p_{12}^* & 0 & 0 & p_{15}^* \\ 0 & p_{22}^* & p_{23}^* & p_{24}^* & p_{25}^* \\ 0 & p_{32}^* & p_{33}^* & p_{34}^* & p_{35}^* \\ 0 & p_{42}^* & p_{43}^* & p_{44}^* & p_{45}^* \\ 0 & 0 & 0 & 0 & 1 \end{pmatrix} \tag{4-8}$$

其中，需满足 $\sum_{j=1}^{5} p_{ij}^* = 1$，$p_{ij}^* \geqslant 0$。

（二）生命周期各阶段客户的平均剩余生命周期的计算

设 u_{ij} 为客户状态由 i 转变到 j 的第一次通过的期望时间，由图 4-15 中生命周期各阶段客户的演化过程可知：流失阶段（即客户的状态为 5）为吸收态。所以，u_{15} 为系统中客户由观察期转化到流失期所经历的平均时间（即观察期客户的平均剩余生命周期）；u_{25} 为系统中客户由成长期转化到流失期所经历的平均时间（即成长期客户的平均剩余生命周期）；u_{35} 为系统中客户由成熟期转化到流失期所经历的平均时间（即成熟期客户的平均剩余生命周期）；u_{45} 为系统中客户由衰退期转化到流失期所经历的平均时间（即衰退期客户的平均剩余生命周期）。

对于u_{ij}的求解，可用下面的思路来完成。

分析可知，客户的状态由i转变到j的第一次通过的期望时间u_{ij}主要由两部分组成：

（1）假定客户的当前状态为i，而在下一个时期其状态转变为j，如此一来，客户的第一次到达时间就是1个单位时间，记为1。

（2）假定客户的当前状态为i，在下一个时期其状态为K；然后，由K转变为j；此时，客户状态从i转变为j的时间＝1＋（由K到j的到达时间）。

基于上述思路可得到：

$$\begin{aligned} u_{ij} &= 1p_{ij}^{*} + \sum_{K\neq j}(1+u_{Kj})p_{iK}^{*} \\ &= p_{ij}^{*} + \sum_{K\neq j}p_{iK}^{*} + \sum_{K\neq j}u_{Kj}p_{iK}^{*} \\ &= \sum_{K\in T}p_{iK}^{*} + \sum_{K\neq j}u_{Kj}p_{iK}^{*} = 1 + \sum_{K\neq j}u_{Kj}p_{iK}^{*} \end{aligned} \tag{4-9}$$

依据上述u_{ij}的求解思路以及图4-15中生命周期各阶段客户的演化过程，可分别求出观察期客户的平均剩余生命周期u_{15}，成长期客户的平均剩余生命周期u_{25}，成熟期客户的平均剩余生命周期u_{35}，衰退期客户的平均剩余生命周期u_{45}。

对于u_{15}而言，由图4-15可知，客户从考察期到达流失期的路径主要有：（1）在下一个时期，客户直接从考察期进入流失期。（2）客户在下一个时期先从考察期进入成长期，然后再从成长期进入流失期。所以，根据公式（4-9），u_{15}可写下面的表达式：

$$u_{15} = 1 + p_{12}^{*}u_{25} \tag{4-10}$$

对于u_{25}而言，由图4-15可知，客户从成长期到达流失的路径主要有：（1）客户在下一个时期直接从成长期进入流失期。（2）客户在下一时期从成长期进入成熟期，然后从成熟期进入流失期。（3）客户在下一时期从成长期进入衰退期，然后从衰退期进入流失期。（4）客户在下一时期仍处于成长期，然后从成长期进入流失期。因此，依据公式（4-9），u_{25}可表达为：

$$u_{25} = 1 + p_{23}^{*}u_{35} + p_{24}^{*}u_{45} + p_{22}^{*}u_{25} \tag{4-11}$$

对于u_{35}而言，由图4-15可知，客户从成熟期到达流失的路径主要有：（1）客户在下一个时期直接从成熟期进入流失期。（2）客户在下一时期从成熟期进入衰退期，然后从衰退期进入流失期。（3）客户在下一时期仍处于成熟期，然后从成熟期进入流失期。（4）客户在下一时期从成熟期回到成长期，然后从成长期进入流失期。因此，依据公式（4-9），u_{35}可表达为：

$$u_{35} = 1 + p_{34}^{*}u_{45} + p_{33}^{*}u_{35} + p_{32}^{*}u_{25} \tag{4-12}$$

对于 u_{45} 而言，由图 4-15 可知，客户从衰退期到达流失的路径主要有：(1) 客户在下一个时期直接从衰退期进入流失期。(2) 客户在下一时期仍处于衰退期，然后从衰退期进入流失期。(3) 客户在下一时期由衰退期回到成长期，然后从成长期进入流失期。(4) 客户在下一时期从衰退期回到成熟期，然后从成熟期进入流失期。因此，依据公式（4-9），u_{45} 可表达为：

$$u_{45} = 1 + p_{44}^{*} u_{45} + p_{42}^{*} u_{25} + p_{43}^{*} u_{35} \tag{4-13}$$

最后，将公式（4-10）~ 公式（4-13）联立形成方程组，通过求解方程组，即可得到 u_{15}、u_{25}、u_{35} 和 u_{45}。

第三节 本章小结

首先在生命周期理论及动态客户关系管理理论的基础之上，对客户由衰退期重新回到成长期以及由成长期跨越成熟期直接进入衰退期等得到生命周期各阶段客户可能的状态转化情形进行了分析，确定了生命周期各阶段客户的状态转化空间。运用带单侧吸收壁的马尔可夫链对生命周期各阶段客户的状态转化过程进行了分析；在此基础之上，结合生命周期各阶段客户的状态转化数据确定生命周期各阶段客户状态转化的概率矩阵。以此为基础，运用马尔可夫链中首次通过时间的计算方法对生命周期各阶段客户的平均剩余生命周期进行了计算。

第五章　个体客户剩余生命周期的度量

个体客户的潜在价值是企业为客户提供个性化服务的重要决策依据，而个体客户的剩余生命周期直接决定着个体客户潜在价值的度量。所以，对个体客户的剩余生命周期进行度量对企业的客户价值管理有着重要的意义。但是，由于不同的个体客户在消费行为、忠诚度等方面存在巨大差异，这往往导致不同个体客户的剩余生命周期差异极大。因此，处于生命周期某个阶段的个体客户的剩余生命周期与该阶段客户的平均剩余生命周期之间有较大的差异（如某个处于成熟期的个体客户的剩余生命周期往往与成熟期客户的平均生命周期之间存在较大的差异）。鉴于此，本章主要探讨在生命周期各阶段客户的平均剩余生命周期的基础之上，结合个体客户的行为特征对其剩余生命周期进行估算这一问题。由第四章中的客户在生命周期各阶段的状态转化过程可知：对于观察期的客户而言，其在下一时期只能进入成长期或者流失期，且客户从其他状态均无法回到观察期。所以，处于观察期的个体客户的剩余生命周期等于观察期客户的平均剩余生命周期。基于此，本章主要探讨处于成长期、成熟期以及衰退期三个阶段的个体客户的剩余生命周期的计算问题。大体思路如下：

（1）运用属性约简方法提取生命周期各阶段客户的特征行为属性，并运用贝叶斯条件概率方法计算处于不同生命周期阶段的客户在各特征行为属性上的取值，以此完成对生命周期各阶段标准客户的塑造。此时，生命周期各阶段标准客户的剩余生命周期等于该阶段客户的平均剩余生命周期（通过第四章方法可算得生命周期各阶段客户的平均剩余生命周期），如成熟期标准客户的剩余生命周期等于成熟期客户的平均剩余生命周期。

（2）将个体客户的行为数据与对应的标准客户的特征行为数据进行对比，如某个体客户为衰退期客户（通过第三章方法可识别个体客户所处的生命周期阶段），则将该个体客户的行为数据与衰退期标准客户的特征行为数据进行对比，通过模糊贴近度的方法测算出个体客户与标准客户之间的行为相似度。

（3）在标准客户的剩余生命周期基础之上，结合个体客户与标准客户之间的行为相似度，对个体客户的剩余生命周期进行测算。

第一节　生命周期各阶段标准客户的塑造

生命周期各阶段标准客户的塑造的关键主要在于：（1）从客户行为数据中提取生命周期各阶段标准客户的特征行为属性。（2）确定标准客户在各特征行为属性上的取值。

一、生命周期各阶段标准客户的特征行为的提取

在半契约交易情形下，由于企业与客户之间存在着明确的合作关系，企业往往存有大量的客户交易行为数据（如电信运营商存有客户的通话记录、套餐消费等交易行为数据），这些客户行为数据往往具有数据量大、维度较高、数据项众多的特点。因此，从众多的客户行为属性数据项中提取生命周期各阶段标准客户的特征行为属性是生命周期各阶段标准客户塑造的前提。

生命周期各阶段标准客户的特征行为属性的提取步骤如下。

（一）剔除具有线性关系的行为属性数据项

由于客户的行为属性较多，一些特征行为属性数据之间往往存在线性相关性，如在电信客户的行为属性中，客户套餐的最低消费额与客户的月均消费额之间存在着较大的线性相关性。因此，在提取标准客户的特征行为属性之前，需要剔除具有强线性相关性的属性项。本书采用 SPSS 数据分析软件中的 Pearson 相关系数分析工具对各客户行为属性项之间的相关性进行计算，然后剔除部分具有强线性相关性的客户行为属性项。

Pearson 相关系数是一种用来测量两组数据是否在一条直线上的测量工具，可用来测量两个变量之间的线性相关性。其计算公式如下：

$$r = \frac{\sum (X_i - \overline{X})(Y_i - \overline{Y})}{\sqrt{\sum (X_i - \overline{X})^2 \sum (Y_i - \overline{Y})^2}} \tag{5-1}$$

若 $0 \leqslant |r| < 0.4$，则表明两变量之间有弱线性相关性；若 $0.4 \leqslant |r| < 0.7$，则表明两变量之间存在中度线性相关性；若 $|r| \geqslant 0.7$，则表明两变量之间存在强线性相关性。对于 $|r| \geqslant 0.7$，则需要剔除其中一个变量。

（二）数据的离散化

剔除具有强线性相关性的客户行为属性后，对于剩下的客户行为属性，还需用粗糙集中属性约简的方法剔除其中的冗余属性项，才能提取出生命周期各阶段标准客户的特征行为属性。由于粗糙集无法直接处理连续性的数据，在用粗糙集对客户的行为属性进行约简之前，需要对其中具有连续性取值的行为属性项进行离散化处理。

粗糙集中的连续性数据的离散化问题，从本质上来看就是运用断点对客户行为属性项的取值范围所构成的连续性数据空间进行分段划分，将其划分为 k 个区间。数据离散化的思路为：对于任意一个客户行为属性数据项 c_i，设其取值范围

为 $[a_{c_i}, b_{c_i}]$，按等分或者不等分的原则，将 c_i 的取值范围划分为 k 个等级，分别记为1，2，…，k，并将其作为每个等级的指标值。对任意对象 U_j 在 c_i 上的取值，按其落入的等级范围，取该等级的指标值为 U_j 在 c_i 上的离散值。其离散化过程如下：

表5-1中，对于任意的对象 U_i，其在属性项 c_i 上的实际取值落在表5-1中的任意一个区间，则可用对应的等级值来表示其离散值，如若 U_i 在属性项 c_i 的取值 $c_{i,U_i} \in [l_{i-1}, l_i)$，则可用 i 表示对象 U_i 在属性项 c_i 上的离散值。

表5-1 连续性数据离散化取值表

c_1	c_2	…	c_i	…
$1[a_{c_1}, l_{c_1,1})$	$1[a_{c_2}, l_{c_2,1})$	…	$1[a_{c_i}, l_{c_i,1})$	
$2[a_{c_1,1}, l_{c_1,2})$	$2[a_{c_2,1}, l_{c_2,2})$	…	$2[l_{c_i,1}, l_{c_i,2})$	
…	…	…	…	
…	…	…	$i[l_{c_i,k-2}, l_{c_i,k-1})$	
$k[l_{c_1,k-1}, b_{c_1})$	…	…	$k[l_{c_i,k-1}, b_{c_i}]$	

（三）剔除冗余的客户行为属性，提取标准客户的特征行为属性

生命周期各阶段标准客户的特征行为属性提取的本质就是生命周期各阶段客户的行为属性约简。属性约简是在保持决策表知识划分不变的基础之上，删除掉决策表冗余属性，最终得到核属性集合Core的过程。其中，冗余属性的判定标准为：

设决策 $T = \{U, C \cup D, V, f\}$，其中，$T$ 为知识表达系统；$U = \{U_1, U_2, \cdots, U_m\}$ 为论域；$C = \{c_1, c_2, \cdots, c_n\}$ 为条件属性的非空有限集合。D 为决策属性集合；V 为属性值域。当从决策表 T 的条件属性 C 中剔除某个属性 c_i 后，依据第三章中的定义3.4以及公式（3-6），分别计算出 D 的 C 正域 $\mathrm{Pos}_C(D)$ 以及 D 的 $C - c_i$ 正域 $\mathrm{Pos}_{C-c_i}(D)$，若满足 $\mathrm{Pos}_C(D) = \mathrm{Pos}_{C-c_i}(D)$，则称属性 c_i 相对于决策属性 D 是不必要的，即：c_i 为冗余属性。此时，可以从条件属性集 C 中剔除 c_i。当剔除所有的冗余属性后，由剩余的属性所组成的集合 C'，$C' \neq \varnothing$，则称 C' 为核属性集，记为Core。

目前，主要的约简方法有约简算法，是由Skowron教授等提出的基于可辨识矩阵的决策表约简算法以及相应的扩展算法。该方法在进行约简时，需要构建可辨识矩阵，当决策表中所包含的对象较多时，所形成的可辨识矩阵则异常庞大，相应的矩阵运算则十分困难。所以，该方法不适合决策表包含的数据量较多的情形，也不适合用于进行生命周期各阶段标准客户的特征行为属性提取。基于此，

本书采用基于信息熵的求属性核的算法，并以互信息为启发信息并加入相应的冗余属性形成相对约简的算法来提取生命周期各阶段标准客户的特征行为属性。

定义 5.1：知识 P 的信息熵定义为：

$$H(P) = -\sum_{i=1}^{n} P(x_i)\log_2 P(x_i) \tag{5-2}$$

式中　$P(x_i)$ ——P 在 U 的划分 $U/P=\{x_1,x_2,\cdots,x_n\}$ 上 x_i 的概率。

$$P(x_i) = \frac{|x_i|}{|U|},\quad i=1,2\cdots,n \tag{5-3}$$

定义 5.2：知识 Q 相对知识 P 的条件信息熵定义为：

$$H(Q|P) = -\sum_{i=1}^{n} P(x_i)\sum_{j=1}^{m} P(y_j|x_i)\log_2 P(y_j|x_i) \tag{5-4}$$

其中，

$$P(y_j|x_i) = \frac{|y_j \cap x_i|}{|x_i|},\quad i=1,2,\cdots,n;j=1,2,\cdots,m \tag{5-5}$$

定义 5.3：知识 P 与 Q 的互信息记为 $I(P,Q)$，$I(P,Q)$ 可表示为：

$$I(P,Q) = H(Q) - H(Q|P) \tag{5-6}$$

设由生命周期各阶段客户的行为数据构成决策表 T，$T=\{U,C\cup D,V,f\}$，U 为论域，C 为条件属性集（即客户的行为属性），D 为决策属性集（即客户的状态属性），则基于信息熵的生命周期各阶段标准客户的特征行为提取算法如下：

步骤 1：依据上述的公式（5-2）~公式（5-6）可算出决策表 T 中条件属性集 C 与决策属性集 D 的互信息 $I(C,D)$。

步骤 2：计算出决策表 T 中所有的核属性 c_i，得到由所有核属性所组成的核属性集 Core，剩下的非核属性则组成集合 B。其中核属性的计算过程如下：对于任意条件属性项 c_j，$c_j \in C$，若互信息 $I(C,D) > I(C-\{c_j\},D)$，则属性项 c_j 为决策表 T 的核属性。

步骤 3：根据公式（5-2）~公式（5-6）计算出 $I(\text{Core}, D)$，若 $I(\text{Core}, D) = I(C, D)$，则算法结束，Core 为标准客户的特征行为属性集。若 $I(\text{Core}, D) \neq I(C, D)$，则进入步骤 4。

步骤 4：从非核属性集 B 中依次选取属性项 b_i，$b_i \in B$，计算 $I(\text{Core}\cup\{b_i\}, D)$，从中选取所有 $I(B\cup\{b_i\}, D)$ 值最大的属性项 b_i，记为 b'，令 $\text{Core} = \text{Core}\cup\{b'\}$，并转至步骤 3。

上述的算法过程如图 5-1 所示。

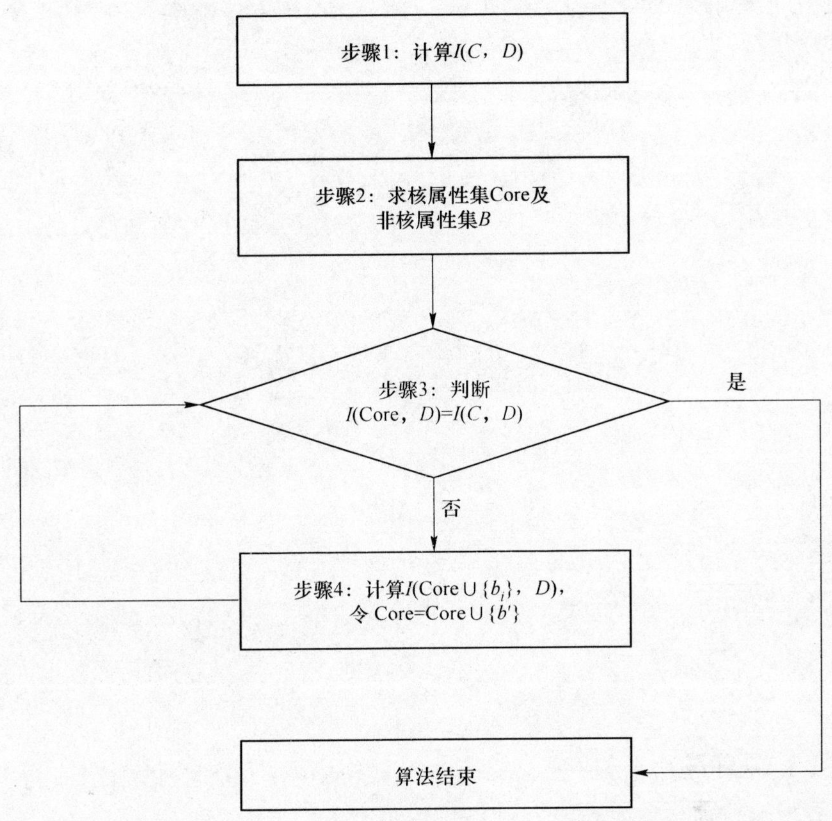

图 5-1　基于信息熵的标准客户特征行为提取算法流程图

二、生命周期各阶段标准客户的特征行为属性值的计算

上一节中探讨了生命周期各阶段标准客户的特征行为属性的提取这一问题。但是，对于标准客户的塑造而言，除了特征行为属性的提取外，还需要确定生命周期各阶段的标准客户在各特征行为属性上的取值，只有两者结合才能塑造出生命周期各阶段客户的标准客户。因此，本节主要探讨生命周期各阶段标准客户的特征属性值的确定问题。

生命周期各阶段标准客户特征行为属性值的计算的基本思路为：将粗糙集分类的方法与贝叶斯分析方法相结合，通过条件概率的计算，确定标准客户在其特征行为属性上的取值。

设生命周期各阶段标准客户的特征行为决策表为 T，$T=\{U, C\cup D, V, f\}$，

U 为论域，$U=\{U_1, U_2, \cdots, U_n\}$。$C$ 为客户特征行为属性集，$C=\{c_1, c_2, \cdots, c_n\}$。$c_i$ 为客户的某个特征行为属性项，$c_i \in C$，c_i 的取值范围为 $\{1, 2, \cdots, k\}$。D 为客户状态属性，D 的取值范围为 $\{d_1, d_2, \cdots, d_n\}$。

定义 5.4：对象集 U 在客户状态属性集 D 上的划分记为 U/D，$U/D=\{U_{d_1}, U_{d_2}, \cdots, U_{d_n}\}$，其中，$U_{d_i} \in U$，$U_{d_i}$为 U/D 的一个子集。在 U_{d_i}中，所有的对象在客户状态属性 D 上的取值均为 d_i，$d_i \in \{d_1, d_2, \cdots, d_n\}$。

定义 5.5：对象集 U 在某个客户特征行为属性项 c_i 上的划分记为 U/c_i，$U/c_i=\{U_{c_i}^1, U_{c_i}^2, \cdots, U_{c_i}^l, \cdots, U_{c_i}^k\}$，其中，$U_{c_i}^l$为 U/c_i 的一个子集。在 $U_{c_i}^l$ 中，所有的对象在 c_i 上的取值均为 l，$l \in \{1, 2, \cdots, k\}$。

定义 5.6：$P(D=d_i)$ 表示在决策表 T 中，客户的状态属性取值为 d_i 的概率。

$$P(D=d_i)=\frac{|U_{d_i}|}{|U|} \tag{5-7}$$

$|U|$ 为对象集 U 中所有的对象数，$|U_{d_i}|$ 为对象集 U_{d_i}中的对象数。

定义 5.7：$P(c_i=l, D=d_i)$ 表示在决策表 T 中，在客户的特征行为属性 c_i 的取值为 l 的同时，客户的状态值为 d_i 的概率。

$$P(c_i=l, D=d_i)=\frac{|U_{c_i}^l \cap U_{d_i}|}{|U|} \tag{5-8}$$

定义 5.8：$P(c_i=l \mid D=d_i)$ 表示在决策表 T 中，在客户的状态值为 d_i 的条件下，客户在特征行为属性 c_i 项上的取值为 l 概率。

$$P(c_i=l \mid D=d_i)=\frac{P(c_i=l, D=d_i)}{P(D=d_i)}=\frac{|U_{c_i}^l \cap U_{d_i}|}{|U_{d_i}|} \tag{5-9}$$

下面以客户状态值为 d_1 的标准客户为例，说明标准客户特征属性值的计算过程：

步骤1：在c_1 的取值范围内，运用公式（5-9）计算出所有在客户状态值为 d_1 条件下 c_1 的条件概率 $P(c_1=1 \mid D=d_1)$，$P(c_1=2 \mid D=d_1)$，$\cdots$，$P(c_1=k \mid D=d_1)$。

步骤2：从序列 $\{P(c_1=1 \mid D=d_1), P(c_1=2 \mid D=d_1), \cdots, P(c_1=k \mid D=d_1)\}$ 中取出最大值，设 $P(c_1=j \mid D=d_1)$ 为最大值，$P=P(c_1=j \mid D=d_1)$。

步骤3：判断 P 是否大于等于给定的阈值 λ。若 $P>\lambda$，则 $\{j\}$ 为标准客户在特征行为属性项 c_1 上的取值，算法结束；若 $P \leqslant \lambda$，进入步骤4。

步骤4：$P=P+P(c_1=j-1 \mid D=d_1)$，即：$P=P(c_1=j-1 \mid D=d_1)+P(c_1=j \mid D=d_1)$，判断 P 是否大于等于 λ。若 $P>\lambda$，则 $\{j-1, j\}$ 为标准客户在特征行为属性项 c_1 上的取值，算法结束；若 $P \leqslant \lambda$，则 $P=P+P(c_1=j+1 \mid D=d_1)$，

此时，$P=P(c_1=j-1 \mid D=d_1)+P(c_1=j \mid D=d_1)+P(c_1=j+1 \mid D=d_1)$，并再次判断 P 是否大于等于 λ。若 $P>\lambda$，则 $\{j-1,j,j+1\}$ 为标准客户在特征行为属性项 c_1 上的取值，算法结束；若 $P \leqslant \lambda$，则 $P=P+P(c_1=j-2 \mid D=d_1)$，重复上述的过程，直到 $P>\lambda$ 为止，最终可算得状态为 d_1 的标准客户在特征行为属性项 c_1 上的取值。

步骤5：重复步骤1～步骤4，可算得状态为 d_1 的标准客户在特征行为属性项 c_2，c_3，…，c_n 上的取值，最终得到状态为 d_1 的标准客户在各特征行为属性项上的取值。

以此类推，可得到状态为 d_2，d_3，…，d_n 的标准客户的特征行为属性值。

当决策表中客户的状态属性取值较多、客户的特征行为属性项较多且各属性项的取值范围较大时，上述的标准客户的特征行为属性值的计算过程可借助计算机程序来实现，下面是算法的伪程序代码：

```
For(m=1; m<=n; m++)
  For(i=1; i<=n; i++)//求取状态为 d_m 的标准客户的特征行为属性值
   {
  R_{c_i}^{d_m} = ∅;
  B_{c_i} = ∅;
  For(j=1; j<=k; j++)
      {B_{c_i} = B_{c_i} ∪ {P(c_i=j | D=d_m)};}
  P = max {B_{c_i}};
  R_{c_i}^{d_m} = R_{c_i}^{d_m} ∪ {j_max}
  a=1; h=1;
  while(P≤λ)//求取状态为 d_m 的标准客户在特征行为项 c_i 上的取值
   {
    If (a>2h) then
     {h=h+1;}
    t=j_max+(-1)^a h;
    P=P+P(c_i=t | D=d_m);
    R_{c_i}^{d_m} = R_{c_i}^{d_m} ∪ {t};
    a=a+1;
   }
}
```

第二节　个体客户剩余生命周期的度量方法

通过第一节中的方法可塑造出成长期、成熟期以及衰退期等生命周期阶段的标准客户。此时，各阶段标准客户的剩余生命周期等于该阶段客户的平均剩余生命周期，而生命周期各阶段客户的平均剩余生命周期可通过第四章中的方法进行计算。因此，本节在标准客户的剩余生命周期的基础之上，结合个体客户与标准客户之间的行为相似度，主要探讨对个体客户的剩余生命周期进行测算这一问题。

一、个体客户与标准客户间的行为相似性的度量

由本章第一节中生命周期各阶段标准客户的特征行为属性值的计算可知，通过上述算法所确定的标准客户的特征行为属性值并不是一个精确值，而是一个取值范围，而个体客户在这些特征行为属性上的取值往往是一个精确值，如个体客户的月平均消费额。因此，在对个体客户与标准客户间的行为相似度进行度量之前，需要对标准客户的特征行为属性值进行“精确化”处理，这使个体客户与标准客户间的行为相似性度量具有一定的模糊性。而传统的相似性方法主要有欧氏距离[87]、夹角余弦[90,91]、曼哈顿距离[168]、明可夫斯基距离[89]等方法，但这些方法往往无法处理模糊数据。因此，本书采用模糊相似比较的方法对个体客户与标准客户间的行为相似性进行度量。

模糊相似比较法的思想：利用模糊理论将处于生命周期某个阶段的个体客户（如成熟期个体客户）的行为数据与相应的标准客户（成熟期标准客户）的特征行为属性数据进行模糊比较，以此计算出个体客户与标准客户之间的模糊贴近度；最终，通过模糊贴近度来反映个体客户与标准客户之间的行为相似性。

个体客户与标准客户间的行为相似度的计算过程有以下步骤。

（一）标准客户特征行为属性值的“精确化”处理

假设通过上一节中的方法求得状态为 d_m 的标准客户在特征行为属性项 c_i 上的取值为 j。通过上节内容可知，j 并非精确值，而是一个离散等级值。通过离散等级表，可得到 j 对应的取值范围，设此取值范围为 $[a, b]$。然而，个体客户在行为属性项 c_i 上的取值为精确值。因此，在对个体客户与标准客户间的模糊贴近度进行计算前，需要对标准客户在属性项 c_i 上的取值进行“精确化”处理。

在此，本书主要通过求平均值的方法来求得标准客户在特征行为属性项 c_i 上的精确值，具体如下：

假设在决策表 T 中，客户状态为 d_m 且在特征行为属性项 c_i 上的取值为 j 的客户人数为 n。设在这些客户中，任意客户 U_k 在属性项 c_i 上的原始取值为 x_l，则这些客户在属性项 c_i 上的平均值记为 $\overline{X}_{c_i}$。

$$\overline{X}_{c_i} = \frac{\sum_{l=1}^{n} x_l}{n} \tag{5-10}$$

此时，状态为 d_m 的标准客户在特征行为属性项 c_i 上的精确值为 $\overline{X}_{c_i}$。

（二）模糊隶属函数的构建

在对个体客户与标准客户间的模糊贴近度的计算过程中，首先需要确定个体客户与标准客户在特征行为属性上的模糊隶属度。而计算模糊隶属度的关键在于建立模糊隶属函数，因此本书在此探讨模糊隶属函数的构建问题。

设 $\overline{X}_{c_i}^{d_m}$ 为状态为 d_m 的标准客户在特征行为属性项 c_i 上的精确值，X_{c_i} 为个体客户在特征行为属性项 c_i 上的实际取值，则在构建模糊隶属函数时，需要考虑下面的情形。

（1）客户在特征行为属性项上 c_i 的理论取值范围为（$-\infty$，$+\infty$），即客户在特征行为属性项上 c_i 的取值无理论最大值与理论最小值。此种情形下，模糊隶属函数的构建过程如下：

令 $X_{\min}^{c_i} = 1.5\min(\overline{X}_{c_i}^{d_1}, \overline{X}_{c_i}^{d_2}, \cdots, \overline{X}_{c_i}^{d_m})$，$X_{\max}^{c_i} = 1.5\max(\overline{X}_{c_i}^{d_1}, \overline{X}_{c_i}^{d_2}, \cdots, \overline{X}_{c_i}^{d_m})$，则客户在特征行为属性项 c_i 上的模糊隶属度 $\mu_{c_i}(X)$ 可表示为：

$$\mu_{c_i}(X) = \begin{cases} 1, & X_{c_i} \geqslant X_{\max}^{c_i} \\ \dfrac{X_{c_i} - X_{\min}^{c_i}}{X_{\max}^{c_i} - X_{\min}^{c_i}}, & X_{\min}^{c_i} < X_{c_i} < X_{\max}^{c_i} \\ 0, & X_{c_i} \leqslant X_{\min}^{c_i} \end{cases} \tag{5-11}$$

（2）客户在特征行为属性项 c_i 上的理论取值范围为［a，$+\infty$），即客户在特征行为属性项 c_i 上的取值存在理论最小值 a，但不存在理论最大值。在此情形下，模糊隶属函数的构建过程如下：

令 $X_{\max}^{c_i} = 1.5\max(\overline{X}_{c_i}^{d_1}, \overline{X}_{c_i}^{d_2}, \cdots, \overline{X}_{c_i}^{d_m})$，则客户在特征行为属性项 c_i 上的模糊隶属度 μ_{c_i}（X）可表示为：

$$\mu_{c_i}(X) = \begin{cases} 1, & X_{c_i} \geqslant X_{\max}^{c_i} \\ \dfrac{X_{c_i} - a}{X_{\max}^{c_i} - a}, & a < X_{c_i} < X_{\max}^{c_i} \\ 0, & X_{c_i} = a \end{cases} \tag{5-12}$$

（3）客户在特征行为属性项 c_i 上的理论取值范围为（$-\infty$，b］，即客户在

特征行为属性项 c_i 上的取值存在理论最大值 b，但不存在理论最小值。此种情形下，模糊隶属函数的构建过程如下：

令 $X_{\min}^{c_i}=1.5\min(\overline{X}_{c_i}^{d_1},\overline{X}_{c_i}^{d_2},\cdots,\overline{X}_{c_i}^{d_m})$，则客户在特征行为属性项 c_i 上的模糊隶属度 $\mu_{c_i}(X)$ 可表示为：

$$\mu_{c_i}(X)=\begin{cases}1, & X_{c_i}=b \\ \dfrac{b-X_{c_i}}{b-X_{\min}^{c_i}}, & a<X_{c_i}<X_{\min}^{c_i} \\ 0, & X_{c_i}\leqslant X_{\min}^{c_i}\end{cases} \tag{5-13}$$

（4）客户在特征行为属性项 c_i 上的理论取值范围为［a，b］，即客户在特征行为属性项 c_i 上的取值存在理论最大值 b 与理论最小值 a。在此情形下，模糊隶属函数的构建过程如下：

客户在特征行为属性项 c_i 上的模糊隶属度 $\mu_{c_i}(X)$ 可表示为：

$$\mu_{c_i}(X)=\begin{cases}1, & X_{c_i}=b \\ \dfrac{b-X_{c_i}}{b-a}, & a<X_{c_i}<b \\ 0, & X_{c_i}=a\end{cases} \tag{5-14}$$

（三）个体客户与标准客户间的行为相似度的计算

设个体客户 A 的特征行为模糊隶属度为 μ_{A}，由前文可知 $\mu_{\mathrm{A}}=\{\mu_{c_1}(\mathrm{A}),\mu_{c_2}(\mathrm{A}),\cdots,\mu_{c_i}(\mathrm{A}),\cdots\}$，设状态为 d_m 的标准客户的特征行为模糊隶属度为 μ_{d_m}，则 $\mu_{d_m}=\{\mu_{c_1}(d_m),\mu_{c_2}(d_m),\cdots,\mu_{c_i}(d_m),\cdots\}$，个体客户 A 与状态为 d_m 的标准客户之间的行为相似度（即：模糊贴近度）记为 $\sigma(\mathrm{A},d_m)$。由模糊理论可知：

$$\sigma(\mathrm{A},d_m)=\frac{\sum_{i=1}^{n}[\mu_{c_i}(\mathrm{A})\wedge\mu_{c_i}(d_m)]}{\sum_{i=1}^{n}[\mu_{c_i}(\mathrm{A})\vee\mu_{c_i}(d_m)]} \tag{5-15}$$

在公式（5-15）中，“∧”表示取最小值，“∨”表示取最大值。

二、基于行为相似度的个体客户剩余生命周期计算方法

前文中探讨了个体客户与标准客户间的行为相似性度量的问题，下面主要探讨在标准客户的剩余生命周期的基础之上，结合个体客户与标准客户之间的行为

相似度，对个体客户的剩余生命周期时间进行计算这一问题。基于客户行为相似度的个体客户剩余生命周期的计算过程如下：

（1）运用第三章的方法对个体客户 A 所处的生命周期阶段进行识别，并得到个体客户 A 状态（即所处生命周期阶段）的综合置信度 $\beta=\{\beta_{d_1},\beta_{d_2},\cdots,\beta_{d_m},\cdots\}$。

（2）从 β 中取出所有不等于 0 的元素构成集合 $\beta'=\{\beta_{d_i}\}$，$\beta_{d_i}\neq 0$。计算出个体客户 A 与状态为 $d_i(\beta_{d_i}\in\beta')$ 的标准客户之间的行为相似度 $\sigma(\mathrm{A},d_i)$，以此类推，求出个体客户 A 与所有属于 β' 的标准客户之间的行为相似度 σ。

（3）将个体客户 A 的特征行为属性数据与状态为 d_i 的标准客户的特征行为属性数据进行对比，在状态为 d_i 的标准客户的剩余生命周期的基础之上算得个体客户 A 的相对剩余生命周期 $u_{\mathrm{A}}^{d_i}$。

若个体客户 A 的特征行为属性数据优于标准客户 d_i 的特征行为属性数据，则：

$$u_{\mathrm{A}}^{d_i}=\frac{u_{d_i}}{\sigma(\mathrm{A},d_i)} \tag{5-16}$$

若个体客户 A 的特征行为属性数据差于标准客户 d_i 的特征行为属性数据，则：

$$u_{\mathrm{A}}^{d_i}=u_{d_i}\cdot\sigma(\mathrm{A},d_i) \tag{5-17}$$

u_{d_i} 为状态为 d_i 的标准客户的剩余生命周期。其中，关于个体客户 A 的特征行为属性数据是否优于标准客户 d_i 的特征行为属性数据这一问题，则可通过下面的方法进行判别。

直接通过个体客户 A 状态（即所处生命周期阶段）的综合置信度来判断个体客户 A 的特征行为属性数据是否优于标准客户 d_i 的特征行为属性数据。如假设由第三章中方法计算出某个体客户 A 为成熟期客户的综合置信度为 0.72，为衰退客户的综合置信度为 0.28，为其他状态的置信度均为 0。从 A 所处状态的置信度的分布，可直接判断出个体客户 A 的特征行为属性数据要差于成熟期标准客户（状态为 d_2）的特征行为属性数据，但其特征行为属性数据又要优于衰退期标准客户（状态为 d_3）的特征行为属性数据。

若无法直接通过个体客户 A 状态（即所处生命周期阶段）的综合置信度来判断客户 A 的特征行为属性数据是否优于标准客户 d_i 的特征行为属性数据（如个体客户 A 为成熟期客户的综合置信度为 1，为其他状态的综合置信度均为 0 的情形），则通过以下的步骤来判别。

1）对客户 A 以及相应的标准客户 d_i 在各特征行为属性项 c_j 上的值进行无量

纲处理。

若 c_j 为正效应属性（即 c_j 越大越好），则用公式（5-18）算得 A 与 d_i 在特征行为属性项 c_j 上的功效值 $H_{c_j}(\mathrm{A})$ 与 $H_{c_j}(d_i)$。

$$H_{c_j}(X)=\frac{X_{c_j}-\min(X_{\mathrm{A},c_j},X_{d_1,c_j},X_{d_2,c_j},\cdots,X_{d_i,c_j},\cdots)}{\max(X_{\mathrm{A},c_j},X_{d_1,c_j},X_{d_2,c_j},\cdots,X_{d_i,c_j},\cdots)-\min(X_{\mathrm{A},c_j},X_{d_1,c_j},\cdots,X_{d_i,c_j},\cdots)} \tag{5-18}$$

若 c_j 为负效应属性（即 c_j 越小越好），则用公式（5-19）算得 A 与 d_i 在特征行为属性项 c_j 上的功效值 $H_{c_j}(\mathrm{A})$ 与 $H_{c_j}(d_i)$。

$$H_{c_j}(X)=\frac{\max(X_{\mathrm{A},c_j},X_{d_1,c_j},X_{d_2,c_j},\cdots X_{d_i,c_j},\cdots)-X_{c_j}}{\max(X_{\mathrm{A},c_j},X_{d_1,c_j},X_{d_2,c_j},\cdots,X_{d_i,c_j},\cdots)-\min(X_{\mathrm{A},c_j},X_{d_1,c_j},\cdots,X_{d_i,c_j},\cdots)} \tag{5-19}$$

2）通过公式（5-20）求得个体客户 A 以及相应的标准客户 d_i 的特征行为功效值 $H(\mathrm{A})$ 与 $H(d_i)$。

$$H(X)=\sum_{c_j\in C}H_{c_j}(X) \tag{5-20}$$

3）若 $H(\mathrm{A})$ 大于 $H(d_i)$，则认为个体客户 A 的特征行为数据优于标准客户 d_i 的特征行为数据。若 $H(\mathrm{A})$ 小于 $H(d_i)$，认为个体客户 A 的特征行为数据劣于标准客户 d_i 的特征行为数据。

（4）在所有个体客户 A 的相对剩余生命周期 $u_{\mathrm{A}}^{d_i}$ 的基础之上，运用下面的公式可求得个体客户 A 的剩余生命周期 u_{A}。

$$u_{\mathrm{A}}=\beta_{\Theta}\cdot\bar{u}+\sum_{\beta_{d_i}\in\beta'}\beta_{d_i}\cdot u_{\mathrm{A}}^{d_i} \tag{5-21}$$

式中　β_{Θ}——不确定客户 A 处于某种状态的置信度（由第三章的方法可求得）；

$\bar{u}$——标准客户的平均剩余生命周期，即：对所有状态的标准客户的剩余生命周期求平均值。

$$\bar{u}=\frac{\sum_{i=1}^{m}u_{d_i}}{m} \tag{5-22}$$

第三节　本章小结

首先运用粗糙集方法，从众多客户的行为属性中提取出生命周期各阶段标准客户的特征行为属性项，然后运用贝叶斯理论确定生命周期各阶段标准客户在各特征行为属性项上的取值，以此完成生命周期各阶段标准客户的塑造。此时，各标准客户的剩余生命周期是对应的生命周期各阶段客户的平均剩余生命周期（如成长期标准客户的剩余生命周期等于成长期客户的平均剩余生命周期）。运用模糊贴近度方法对个体客户与相应标准客户之间的行为相似度（如成长期客户与成长期标准客户间的行为相似度）进行了计算，在此基础之上结合标准客户的剩余生命周期对个体客户的剩余生命周期进行了度量。

第六章　电信行业个体客户剩余生命周期度量实例

在上一章中，探讨了生命周期各阶段标准客户的塑造、个体客户与标准客户间行为相似性度量等个体客户剩余生命周期度量过程中的关键问题，并在此基础之上提出了个体客户剩余生命周期的度量模型。个体客户的剩余生命周期对个体客户价值的度量有重要的影响，依据客户价值理论可知，客户的价值由客户的当前价值与潜在价值两个部分所组成。客户的当前价值由当前时期客户与企业间的交易额和当前时期企业为客户服务所支出的成本这两个要素构成，反映的是当前时期客户对企业的利润贡献能力，即客户的当前价值实际上等于客户与企业间的当前交易额减去当前企业为客户所提供服务的成本。由于当前时期客户与企业间的交易额以及企业为客户的服务成本数据已知，所以客户的当前价值相对较容易计算。而客户的潜在价值是客户从当前时期开始到客户的生命周期完结（即客户与企业解除契约关系）为止这一段时间内，客户能够为企业带来的收益的期望值，即客户潜在价值反映的是在未来客户为企业带来利润贡献的能力，因此客户的剩余生命周期越长，客户在未来对企业的利润贡献能力也就越强，客户的潜在价值也就越大。因此，个体客户的剩余生命周期的长短对个体客户价值的大小有决定性的影响，而个体客户价值的大小是企业进行客户关系管理及对客户进行服务推荐的重要决策依据，当前，在对个体客户的价值进行度量的过程中，要么假定个体客户的剩余生命周期已知，要么用 Pareto/NBD 模型及其扩展模型来计算个体客户所在的客户群的平均剩余生命周期，然后用客户群的平均剩余生命周期代替个体客户的剩余生命周期进行个体客户价值的计算，这必将给个体客户价值的度量带来误差。鉴于此，本书提出了个体客户剩余生命周期的度量模型，本章通过江西某电信运营商的客户数据对个体客户剩余生命周期的计算过程进行验证。

第一节　生命周期各阶段客户平均剩余生命周期的计算

本书收集了某电信运营商在江西某高校营业网点的客户数据库中部分客户在 2019 年 1 ~6 月的客户状态分布数据以及客户状态转化数据，见表 6-1 与表 6-2。

表 6-1　客户状态分布数据表

月份	考察期/人	成长期/人	成熟期/人	衰退期/人	流失期/人	总客户数/人
1	63	160	263	103	33	622
2	47	172	270	99	81	669
3	71	163	282	93	131	740
4	42	181	285	94	180	782
5	57	162	296	96	228	839
6	52	172	291	101	275	891

表 6-2　客户状态转化数据表　（人）

状态转化	1～2 月（Ⅰ）	2～3 月（Ⅱ）	3～4 月（Ⅲ）	4～5 月（Ⅳ）	5～6 月（Ⅴ）
考察期→成长期（1→2）	62	47	69	41	57
考察期→流失期（1→5）	1	0	2	1	0
成长期→成长期（2→2）	72	78	74	79	73
成长期→成熟期（2→3）	77	83	79	90	78
成长期→衰退期（2→4）	7	6	5	8	7
成长期→流失期（2→5）	4	5	5	4	4
成熟期→成长期（3→2）	32	33	34	36	37
成熟期→成熟期（3→3）	181	189	194	195	202
成熟期→衰退期（3→4）	36	33	38	39	41

续表 6-2

状态转化	1～2 月（Ⅰ）	2～3 月（Ⅱ）	3～4 月（Ⅲ）	4～5 月（Ⅳ）	5～6 月（Ⅴ）
成熟期→流失期（3→5）	14	15	16	15	16
衰退期→成长期（4→2）	6	5	4	6	5
衰退期→成熟期（4→3）	12	10	12	11	11
衰退期→衰退期（4→4）	56	54	51	49	53
衰退期→流失期（4→5）	29	30	26	28	27

由第四章第一节中的生命周期各阶段客户的状态转化过程可知，流失期为吸收态，所以表 6-1 中流失期这一列的客户数是到当前时期为止累计流失的客户总人数，其等于前一时期流失期的客户数加上当前时期与前一时期之间进入流失状态的客户数。考察期这一列为每个时期新进入系统的客户数。

根据第四章第二节内容可知：在计算生命周期各阶段客户的平均剩余生命周期之前，需要计算出观察期内的客户状态转化概率矩阵，所以首先根据表 6-1 与表 6-2 中的数据，可分别求出阶段Ⅰ～Ⅴ的客户状态转化概率矩阵。具体计算过程如下。

（1）阶段Ⅰ的客户状态转化概率矩阵。

1）考察期客户的状态转化概率。依据第四章中的定义 4.7 以及公式（4-5），结合表 6-2 中阶段Ⅰ中的考察期客户的状态转化数据，可算得在阶段Ⅰ中，客户状态由考察期转化到成长期的转化概率 p_{12}。

$$p_{12} = \frac{N_{12}(1,2)}{N_1(1)} = \frac{62}{63} = 0.984$$

同理，可算得在阶段Ⅰ，客户状态由考察期转化到流失期的转化概率 p_{15}。

$$p_{15} = \frac{N_{12}(1,2)}{N_1(1)} = \frac{1}{63} = 0.016$$

根据第四章中的客户状态转化过程（见图 4-15）可知，对于考察期的客户，其状态只能转化为成长期或者成熟期，所以 $p_{11}=0$，$p_{13}=0$，$p_{14}=0$。

2）成长期客户的状态转化概率。与考察期客户的状态转化概率的计算过程相同，结合表6-2中阶段Ⅰ的成长期客户的状态转化数据，可算得在阶段Ⅰ，成长期客户的状态转化概率 p_{22}，p_{23}，p_{24}，p_{25}。

$$p_{22}=\frac{N_{22}(1,2)}{N_2(1)}=\frac{72}{160}=0.45,\quad p_{23}=\frac{N_{23}(1,2)}{N_2(1)}=\frac{77}{160}=0.481$$

$$p_{24}=\frac{N_{24}(1,2)}{N_2(1)}=\frac{7}{160}=0.044,\quad p_{25}=\frac{N_{25}(1,2)}{N_2(1)}=\frac{4}{160}=0.025$$

根据第四章中的客户状态转化过程（见图4-15）可知，成长期的客户是无法回到考察期的，所以 $p_{21}=0$。

3）成熟期客户的状态转化概率。同上述计算过程，结合表6-2中阶段Ⅰ的成熟期客户的状态转化数据，可算得在阶段Ⅰ，成熟期客户的状态转化概率 p_{32}，p_{33}，p_{34}，p_{35}。

$$p_{32}=\frac{N_{32}(1,2)}{N_3(1)}=\frac{32}{263}=0.122,\quad p_{33}=\frac{N_{33}(1,2)}{N_3(1)}=\frac{181}{263}=0.688$$

$$p_{34}=\frac{N_{34}(1,2)}{N_3(1)}=\frac{36}{263}=0.137,\quad p_{35}=\frac{N_{35}(1,2)}{N_3(1)}=\frac{14}{263}=0.053$$

根据第四章中的客户状态转化过程（见图4-15）可知：成熟期的客户是无法回到考察期的，所以 $p_{31}=0$。

4）衰退期客户的状态转化概率。同理，结合表6-2中阶段Ⅰ的衰退期客户的状态转化数据，可算出在阶段Ⅰ，衰退期客户的状态转化概率 p_{42}，p_{43}，p_{44}，p_{45}。

$$p_{42}=\frac{N_{42}(1,2)}{N_4(1)}=\frac{6}{103}=0.058,\quad p_{43}=\frac{N_{43}(1,2)}{N_4(1)}=\frac{12}{103}=0.117$$

$$p_{44}=\frac{N_{44}(1,2)}{N_4(1)}=\frac{56}{103}=0.543,\quad p_{45}=\frac{N_{45}(1,2)}{N_4(1)}=\frac{29}{103}=0.282$$

根据第四章中的客户状态转化过程（见图4-15）可知，衰退期的客户是无法回到考察期的，所以 $p_{41}=0$。

5）流失期客户的状态转化概率。根据第四章中的客户状态转化过程（见图4-15）可知，由于流失期为吸收态，所以有：

$$p_{51}=0,\quad p_{52}=0,\quad p_{53}=0,\quad p_{54}=0,\quad p_{55}=1$$

由上述各状态客户的状态转化概率，可得到阶段Ⅰ的客户状态转化概率矩阵$\boldsymbol{P}_{\mathrm{I}}$。

$$\boldsymbol{P}_{\mathrm{I}}=\begin{bmatrix}0 & 0.984 & 0 & 0 & 0.016\\ 0 & 0.45 & 0.481 & 0.044 & 0.025\\ 0 & 0.122 & 0.688 & 0.137 & 0.053\\ 0 & 0.058 & 0.117 & 0.543 & 0.282\\ 0 & 0 & 0 & 0 & 1\end{bmatrix}$$

（2）阶段Ⅱ的客户状态转化概率矩阵。同上述过程，可得到阶段Ⅱ中各状态客户的状态转化概率。

1）考察期客户的状态转化概率。

$$p_{11}=0,\quad p_{12}=\frac{N_{12}(2,3)}{N_1(2)}=\frac{47}{47}=1,\quad p_{13}=0,\quad p_{14}=0$$

$$p_{15}=\frac{N_{15}(2,3)}{N_1(2)}=\frac{0}{47}=0$$

2）成长期客户的状态转化概率。

$$p_{21}=0,\quad p_{22}=\frac{N_{22}(2,3)}{N_2(2)}=\frac{78}{172}=0.453,\quad p_{23}=\frac{N_{23}(2,3)}{N_2(2)}=\frac{83}{172}=0.483$$

$$p_{24}=\frac{N_{24}(2,3)}{N_2(2)}=\frac{6}{172}=0.035,\quad p_{25}=\frac{N_{25}(2,3)}{N_2(2)}=\frac{5}{172}=0.029$$

3）成长期客户的状态转化概率。

$$p_{31}=0,\quad p_{32}=\frac{N_{32}(2,3)}{N_3(2)}=\frac{33}{270}=0.122,\quad p_{33}=\frac{N_{33}(2,3)}{N_3(2)}=\frac{189}{270}=0.7$$

$$p_{34}=\frac{N_{34}(2,3)}{N_3(2)}=\frac{33}{270}=0.122,\quad p_{35}=\frac{N_{35}(2,3)}{N_3(2)}=\frac{15}{270}=0.056$$

4）成熟期客户的状态转化概率。

$$p_{41}=0,\quad p_{42}=\frac{N_{42}(2,3)}{N_4(2)}=\frac{5}{99}=0.051,\quad p_{43}=\frac{N_{43}(2,3)}{N_4(2)}=\frac{10}{99}=0.101$$

$$p_{44}=\frac{N_{44}(2,3)}{N_4(2)}=\frac{54}{99}=0.545,\quad p_{45}=\frac{N_{45}(2,3)}{N_4(2)}=\frac{30}{99}=0.303$$

5）衰退期客户的状态转化概率。

$$p_{51}=0,\quad p_{52}=0,\quad p_{53}=0,\quad p_{54}=0,\quad p_{55}=1$$

由上述的客户状态转化概率，可得到阶段Ⅱ的客户状态转化概率矩阵$\boldsymbol{P}_{\mathrm{II}}$。

$$
\boldsymbol{P}_{\mathrm{II}} = \begin{bmatrix} 0 & 1 & 0 & 0 & 0 \\ 0 & 0.453 & 0.483 & 0.035 & 0.029 \\ 0 & 0.122 & 0.7 & 0.122 & 0.056 \\ 0 & 0.051 & 0.101 & 0.545 & 0.303 \\ 0 & 0 & 0 & 0 & 1 \end{bmatrix}
$$

同上述的阶段Ⅰ与阶段Ⅱ的客户状态转化概率矩阵 $\boldsymbol{P}_{\mathrm{I}}$，$\boldsymbol{P}_{\mathrm{II}}$ 的求解过程，可算得阶段Ⅲ、阶段Ⅳ和阶段Ⅴ的客户状态转化概率矩阵 $\boldsymbol{P}_{\mathrm{III}}$，$\boldsymbol{P}_{\mathrm{IV}}$ 和 $\boldsymbol{P}_{\mathrm{V}}$。

（3）阶段Ⅲ的客户状态转化概率矩阵。

$$
\boldsymbol{P}_{\mathrm{III}} = \begin{bmatrix} 0 & 0.972 & 0 & 0 & 0.028 \\ 0 & 0.454 & 0.485 & 0.031 & 0.031 \\ 0 & 0.121 & 0.688 & 0.135 & 0.056 \\ 0 & 0.043 & 0.129 & 0.548 & 0.28 \\ 0 & 0 & 0 & 0 & 1 \end{bmatrix}
$$

（4）阶段Ⅳ的客户状态转化概率矩阵。

$$
\boldsymbol{P}_{\mathrm{IV}} = \begin{bmatrix} 0 & 0.976 & 0 & 0 & 0.024 \\ 0 & 0.436 & 0.497 & 0.044 & 0.022 \\ 0 & 0.126 & 0.684 & 0.137 & 0.053 \\ 0 & 0.064 & 0.117 & 0.521 & 0.298 \\ 0 & 0 & 0 & 0 & 1 \end{bmatrix}
$$

（5）阶段Ⅴ的客户状态转化概率矩阵。

$$
\boldsymbol{P}_{\mathrm{V}} = \begin{bmatrix} 0 & 1 & 0 & 0 & 0 \\ 0 & 0.451 & 0.481 & 0.043 & 0.025 \\ 0 & 0.125 & 0.682 & 0.139 & 0.054 \\ 0 & 0.052 & 0.115 & 0.552 & 0.281 \\ 0 & 0 & 0 & 0 & 1 \end{bmatrix}
$$

根据定义 4.8 与公式（4-7），结合各阶段客户状态转化矩阵 $\boldsymbol{P}_{\mathrm{I}}$，$\boldsymbol{P}_{\mathrm{II}}$，$\boldsymbol{P}_{\mathrm{III}}$，$\boldsymbol{P}_{\mathrm{IV}}$ 和 $\boldsymbol{P}_{\mathrm{V}}$，可计算出 1~6 月间（即阶段Ⅰ～Ⅴ）的客户状态转化平均概率矩阵 $\boldsymbol{P}^*$。

$$
\boldsymbol{P}^* = \frac{\sum_{t=\mathrm{I}}^{\mathrm{V}} \boldsymbol{P}_t}{5} = \frac{\boldsymbol{P}_{\mathrm{I}} + \boldsymbol{P}_{\mathrm{II}} + \boldsymbol{P}_{\mathrm{III}} + \boldsymbol{P}_{\mathrm{IV}} + \boldsymbol{P}_{\mathrm{V}}}{5} = \begin{bmatrix} 0 & 0.986 & 0 & 0 & 0.014 \\ 0 & 0.449 & 0.485 & 0.04 & 0.026 \\ 0 & 0.123 & 0.688 & 0.135 & 0.054 \\ 0 & 0.054 & 0.116 & 0.542 & 0.288 \\ 0 & 0 & 0 & 0 & 1 \end{bmatrix}
$$

根据公式（4-10）以及阶段Ⅰ～Ⅴ间的客户状态转化平均概率矩阵 $\boldsymbol{P}^*$，可算出考察期客户的平均剩余生命周期 u_{15}。

$$u_{15}=1+p_{12}^{*}u_{25}=1+0.986u_{25}$$

根据公式（4-11）以及阶段Ⅰ～Ⅴ间的客户状态转化平均概率矩阵 $\boldsymbol{P}^*$，可算出成长期客户的平均剩余生命周期 u_{25}。

$$\begin{aligned}u_{25}&=1+p_{23}^{*}u_{35}+p_{24}^{*}u_{45}+p_{22}^{*}u_{25}\\&=1+0.485u_{35}+0.04u_{45}+0.449u_{25}\end{aligned}$$

根据公式（4-12）以及阶段Ⅰ～Ⅴ间的客户状态转化平均概率矩阵 $\boldsymbol{P}^*$，可算出成长期客户的平均剩余生命周期 u_{35}。

$$\begin{aligned}u_{35}&=1+p_{34}^{*}u_{45}+p_{33}^{*}u_{35}+p_{32}^{*}u_{25}\\&=1+0.135u_{45}+0.688u_{35}+0.123u_{25}\end{aligned}$$

根据公式（4-13）以及阶段Ⅰ～Ⅴ间的客户状态转化平均概率矩阵 $\boldsymbol{P}^*$，可算出成长期客户的平均剩余生命周期 u_{45}。

$$\begin{aligned}u_{45}&=1+p_{44}^{*}u_{45}+p_{42}^{*}u_{25}+p_{43}^{*}u_{35}\\&=1+0.542u_{45}+0.054u_{25}+0.116u_{35}\end{aligned}$$

将上面各方程式联立，可得到方程组：

$$\begin{cases}u_{15}=1+0.986u_{25}\\u_{25}=1+0.485u_{35}+0.04u_{45}+0.449u_{25}\\u_{35}=1+0.135u_{45}+0.688u_{35}+0.123u_{25}\\u_{45}=1+0.542u_{45}+0.054u_{25}+0.116u_{35}\end{cases}$$

求解方程组，可得：

$$u_{15}\approx 12.2,\quad u_{25}\approx 11.4,\quad u_{35}\approx 10.3,\quad u_{45}\approx 6.1$$

所以，此电信运营商客户数据库中处于观察期客户的平均剩余生命周期约为12.2个月，成长期客户的平均剩余生命周期为11.4个月，成熟期客户的平均剩余生命周期约为10.3个月，衰退期客户的平均剩余生命周期约为6.1个月。

第二节　个体客户剩余生命周期的计算

在前一节中已计算生命周期各阶段客户的平均剩余生命周期。此时，生命周期各阶段标准客户的剩余生命周期等于生命周期各阶段客户的平均剩余生命周期；而根据第五章中个体客户剩余生命周期的计算方法，个体客户的剩余生命周期需在相应的标准客户的剩余生命周期的基础之上，结合个体客户与相应标准客户间的行为相似度来计算。所以，在计算个体客户的剩余生命周期前，首先需按第五章第一节中的思路塑造出成长期、成熟期以及衰退期等生命周期各阶段的标准客户。

由于电信客户的特征行为属性项较多，因此在进行标准客户的特征行为属性提取之前，先从众多的客户行为属性项中剔除"客户出生年月""客户姓名""客户所选号码"等信息后，剩下"套餐最低消费额""月平均消费额""日均通话次数""月均上网流量""平均成功通话率""月平均长途费用比"（即客户的月平均长途通话费用/客户的月平均消费额）"月平均漫游费用比"（即客户的月平均漫游费用/客户的月平均消费额）"日均通话次数的增幅""月平均消费额的增幅"等9个客户特征行为属性项，分别记为：c_1，c_2，c_3，c_4，c_5，c_6，c_7，c_8，c_9。运用SPSS17数据分析软件对客户在特征行为属性项 $c_1 \sim c_9$ 上的取值进行Pearson相关系数分析，以剔除具有强线性相关性的特征行为属性项。表6-3为上述电信运营商部分客户在其特征行为属性上的Pearson相关系数。

表6-3　客户特征行为属性间的Pearson相关系数（r）

Pearson系数（r）	c_1	c_2	c_3	c_4	c_5	c_6	c_7	c_8	c_9
c_1	1								
c_2	0.814	1							
c_3	0.397	0.477	1						
c_4	0.372	0.413	0.098	1					
c_5	0.235	0.174	0.281	0.136	1				
c_6	0.132	0.142	0.109	0.055	0.081	1			
c_7	0.095	0.103	0.093	0.032	−0.169	0.773	1		
c_8	0.079	0.067	0.172	0.047	0.071	−0.309	−0.373	1	
c_9	0.083	0.095	0.113	0.132	0.104	0.223	0.297	0.513	1

从表6-3中可发现，c_1 与 c_2 之间的Pearson系数的绝对值以及 c_6 与 c_7 间的Pearson系数的绝对值均大于0.7，即：套餐的最低消费额（c_1）与客户的月均消费额（c_2）、客户的月平均长途费用比（c_6）与客户的月平均漫游费用比（c_7）之间存在较强的线性相关性，这均与现实情形相吻合。在此，本书从 c_1 与 c_2 中剔除 c_1，保留 c_2；从 c_6 与 c_7 中剔除 c_6，保留 c_7。此时，以剩下的客户特征行为

属性项 c_2，c_3，c_4，c_5，c_7，c_8，c_9 为条件属性，以客户的状态属性 D 为决策属性，并通过表6-4中的离散化规则对客户在各特征属性项上的取值进行离散化处理，最终形成决策表6-5。

表6-4 离散规则表

离散值	1	2	3
c_2/元	<50	[50，100)	≥100
c_3/次	<10	[10，20)	≥20
c_4/M	<200	[200，500)	≥500
c_5/%	<70	[70，85)	≥85
c_7/%	<10	[10，25)	≥25
c_8/%	< -15	[-15，15)	≥15
c_9%	< -15	[-15，15)	≥15
D	成长期客户（d_1）	成熟期客户（d_2）	衰退期客户（d_3）

表6-5 客户行为属性决策表

对象（U）	条件属性（C）							决策属性（D）	样本数
	c_2	c_3	c_4	c_5	c_7	c_8	c_9		
U_1	1	1	1	3	2	2	3	d_1	39
U_2	1	2	1	3	1	3	2	d_1	35
U_3	3	2	1	3	1	3	3	d_1	69
U_4	2	2	2	2	1	2	3	d_1	29
U_5	2	3	2	2	1	2	2	d_2	78
U_6	3	3	2	3	2	2	2	d_2	89
U_7	1	2	1	3	1	2	2	d_2	118
U_8	1	2	1	2	1	3	2	d_2	51
U_9	2	2	2	2	2	2	3	d_2	39
U_{10}	2	2	1	2	3	2	1	d_3	30
U_{11}	1	1	1	2	2	1	1	d_3	37
U_{12}	1	1	1	1	3	1	1	d_3	47

续表 6-5

对象 (U)	条件属性 (C)							决策属性 (D)	样本数
	c_2	c_3	c_4	c_5	c_7	c_8	c_9		
U_{13}	2	1	1	2	3	2	2	d_3	18
U_{14}	2	2	2	2	2	2	1	d_3	28
U_{15}	1	2	1	2	1	1	2	d_3	15

一、标准客户特征行为属性的提取

依据粗糙集理论可知：

$$U/C=\{U_1,U_2,U_3,U_4,U_5,U_6,U_7,U_8,U_9,U_{10},U_{11},U_{12},U_{13},U_{14},U_{15}\}=U$$

$$U/D=\{(U_1,U_2,U_3,U_4),(U_5,U_6,U_7,U_8,U_9),(U_{10},U_{11},U_{12},U_{13},U_{14},U_{15})\}$$
$$=\{U_{d_1},U_{d_2},U_{d_3}\}$$

由公式（5-2）可求得：

$$H(D)=-\sum_{i=1}^{3}P(d_i)\log_2P(d_i)$$
$$=-\left[\left(\frac{|U_{d_1}|}{|U|}\log_2\frac{|U_{d_1}|}{|U|}\right)+\left(\frac{|U_{d_2}|}{|U|}\log_2\frac{|U_{d_2}|}{|U|}\right)+\left(\frac{|U_{d_3}|}{|U|}\log_2\frac{|U_{d_3}|}{|U|}\right)\right]$$
$$=-\left(\frac{172}{722}\log_2\frac{172}{722}+\frac{375}{722}\log_2\frac{375}{722}+\frac{175}{722}\log_2\frac{175}{722}\right)=1.48$$

依据公式（5-4），可算得：

$$H(D\mid C)=-\sum_{i=1}^{15}P(U_i)\sum_{j=1}^{3}P(d_j\mid U_i)\log_2P(d_j\mid U_i)$$
$$=-\left[\frac{|U_1|}{|U|}\left(\frac{|U_1\cap U_{d_1}|}{|U_1|}\log_2\frac{|U_1\cap U_{d_1}|}{|U_1|}+\frac{|U_1\cap U_{d_2}|}{|U_1|}\right.\right.$$
$$\left.\log_2\frac{|U_1\cap U_{d_2}|}{|U_1|}+\frac{|U_1\cap U_{d_3}|}{|U_1|}\log_2\frac{|U_1\cap U_{d_3}|}{|U_1|}\right)+$$
$$\frac{|U_2|}{|U|}\left(\frac{|U_2\cap U_{d_1}|}{|U_2|}\log_2\frac{|U_2\cap U_{d_1}|}{|U_2|}+\cdots\right)+\cdots+$$
$$\left.\frac{|U_{15}|}{|U|}\left(\frac{|U_{15}\cap U_{d_1}|}{|U_{15}|}\log_2\frac{|U_{15}\cap U_{d_1}|}{|U_{15}|}+\cdots\right)\right]$$
$$=-\left[\frac{39}{722}(1\log_21+0+0)+\frac{35}{722}(1\log_21+0+0)+\cdots+\right.$$

$$\frac{28}{722}(0 + 0 + 1\log_2 1)\Big] = 0$$

依据公式（5-6），可算得 $I(C, D)$。

$$I(C,D) = H(D) - H(D \mid C) = 1.48 - 0 = 1.48$$

从表 6-5 的条件属性集 C 中剔除属性项 c_2 后，可得到：

$$U \mid \{C - c_2\} = \{U_1, U_2, U_3, U_4, U_5, U_6, U_7, U_8, U_9, U_{10}, U_{11}, U_{12}, U_{13}, U_{14}, U_{15}\}$$

同 $H(D \mid C)$ 的计算过程，可算得：$H(D \mid \{C - c_2\}) = 0$。

所以，$I(C - c_2, D) = H(D) - H(D \mid \{C - c_2\}) = 1.48 - 0 = 1.48$。

由于 $I(C,D) = I(C - c_2, D)$，所以客户的特征行为属性项 c_2 为非核属性项，c_2 可从决策表 6-5 中剔除。

同 $I(C - c_2, D)$ 的计算过程，可求得：

$$I(C - c_3, D) = 1.48, I(C - c_4, D) = 1.48, I(C - c_5, D) = 1.364$$
$$I(C - c_7, D) = 1.387, I(C - c_8, D) = 1.245, I(C - c_9, D) = 1.387$$

通过上述的结果可知，对于特征行为属性项 c_3 与 c_4 而言，由于 $I(C,D) = I(C - c_3, D), I(C,D) = I(C - c_4, D)$，所以 c_3 和 c_4 为非核属性项。

对于特征行为属性项 c_5、c_7、c_8 和 c_9 而言，由于 $I(C,D) \neq I(C - c_5, D)$，$I(C,D) \neq I(C - c_7, D), I(C,D) \neq I(C - c_8, D), I(C,D) \neq I(C - c_9, D)$，所以 c_5、c_7、c_8 和 c_9 为核属性。将 c_5、c_7、c_8 和 c_9 组成集合 B，$B = \{c_5, c_7, c_8, c_9\}$，并同 $I(C,D)$ 的计算过程，可算得 $I(B,D) = 1.48$。

由于 $I(B,D) = I(C,D)$，由第五章中的标准客户的特征行为属性提取算法可知，此时提取算法结束，集合 B 为生命周期各阶段标准客户的特征行为属性集，c_5、c_7、c_8 和 c_9 为生命周期各阶段标准客户的特征行为属性项。此时，剔除表 6-5 中的特征行为属性项 c_2，c_3 与 c_4，可得到表 6-6。

表 6-6　标准客户的特征行为属性决策表

对象（U）	特征行为属性（C）				决策属性（D）	样本数
	c_5	c_7	c_8	c_9		
U_1	3	2	2	3	d_1	39
U_2	3	1	3	2	d_1	35
U_3	3	1	3	3	d_1	69
U_4	2	1	2	3	d_1	29

续表 6-6

对象（U）	特征行为属性（C）				决策属性（D）	样本数
	c_5	c_7	c_8	c_9		
U_5	2	1	2	2	d_2	78
U_6	3	2	2	2	d_2	89
U_7	3	1	2	2	d_2	118
U_8	2	1	3	2	d_2	51
U_9	2	2	2	3	d_2	39
U_{10}	2	3	2	1	d_3	30
U_{11}	2	2	1	1	d_3	37
U_{12}	1	3	1	1	d_3	47
U_{13}	2	3	2	2	d_3	18
U_{14}	2	2	2	1	d_3	28
U_{15}	2	1	1	2	d_3	15

二、标准客户特征行为属性值的计算

根据第五章中的标准客户特征行为属性值的计算方法，首先给定阈值 $\lambda=0.5$，然后根据第五章第一节中的方法，分别对成长期标准客户（即客户状态为 d_1），成熟期标准客户（即客户状态为 d_2）和衰退期标准客户（即客户状态为 d_3）在特征行为属性 c_5、c_7、c_8 和 c_9 上的取值进行计算。

（一）成长期标准客户特征行为属性值的计算

（1）计算成长期标准客户在特征行为属性项 c_5 的取值，具体过程如下：

由公式（5-9）可求得：

$$P(c_5=1\mid D=d_1)=\frac{P(c_5=1,D=d_1)}{P(D=d_1)}=\frac{|U_{c_1}^1\cap U_{d_1}|}{|U_{d_1}|}$$

$$=\frac{|\{U_{12}\}\cap\{U_1,U_2,U_3,U_4\}|}{|\{U_1,U_2,U_3,U_4\}|}=0$$

$$P(c_5=2\mid D=d_1)=\frac{P(c_5=2,D=d_1)}{P(D=d_1)}=\frac{|U_{c_5}^2\cap U_{d_1}|}{|U_{d_1}|}$$

$$= \frac{|\{U_4,U_5,U_8,U_9,U_{10},U_{11},U_{13},U_{14},U_{15}\} \cap \{U_1,U_2,U_3,U_4\}|}{|\{U_1,U_2,U_3,U_4\}|}$$

$$= \frac{|U_4|}{|\{U_1,U_2,U_3,U_4\}|} = \frac{29}{39+35+69+29} = 0.169$$

$$P(c_5=3 \mid D=d_1) = \frac{P(c_5=3,D=d_1)}{P(D=d_1)} = \frac{|U_{c_5}^3 \cap U_{d_1}|}{|U_{d_1}|}$$

$$= \frac{|\{U_1,U_2,U_3,U_6,U_7\} \cap \{U_1,U_2,U_3,U_4\}|}{|\{U_1,U_2,U_3,U_4\}|} = 0.831$$

通过上述计算结果可知，在决策表6-6中，在客户为成长期客户的情形下，客户在特征行为属项 c_5 上取值为1的概率为0，在 c_5 上取值为2的概率为0.169，在 c_5 上取值为3的概率为0.831，所以，$P(c_5=3 \mid D=d_1) = \max\{P(c_5=j \mid D=d_1)\}$，$j=1$，2，3。由于 $P(c_5=3 \mid D=d_1) > \lambda$，所以成长期标准客户在特征行为属性项 c_5 上的取值为3。

（2）对于成长期标准客户在特征行为属性项 c_7 上的取值而言，同上述计算过程，可得：

$$P(c_7=1 \mid D=d_1) = \frac{P(c_7=1,D=d_1)}{P(D=d_1)} = \frac{|U_{c_7}^1 \cap U_{d_1}|}{|U_{d_1}|} = 0.773$$

$$P(c_7=2 \mid D=d_1) = \frac{P(c_7=2,D=d_1)}{P(D=d_1)} = \frac{|U_{c_7}^2 \cap U_{d_1}|}{|U_{d_1}|} = 0.227$$

$$P(c_7=3 \mid D=d_1) = \frac{P(c_7=3,D=d_1)}{P(D=d_1)} = \frac{|U_{c_7}^3 \cap U_{d_1}|}{|U_{d_1}|} = 0$$

所以，在决策表6-6中，客户为成长期客户的情形下，客户在特征行为属性项 c_7 上取值为1的概率为0.773，在 c_7 上取值为2的概率为0.227，在 c_7 上取值为3的概率为0，所以，$P(c_7=1 \mid D=d_1) = \max\{P(c_7=j \mid D=d_1)\}, j=1,2,3$。同时，由于 $P(c_7=1 \mid D=d_1) > \lambda$，所以成长期标准客户在特征行为属性项 c_7 上的取值为1。

（3）对于成长期标准客户在特征行为属性项 c_8 上的取值而言，同上述计算过程，可得：

$$P(c_8=1 \mid D=d_1) = \frac{P(c_8=1,D=d_1)}{P(D=d_1)} = \frac{|U_{c_8}^1 \cap U_{d_1}|}{|U_{d_1}|} = 0$$

$$P(c_8=2 \mid D=d_1) = \frac{P(c_8=2,D=d_1)}{P(D=d_1)} = \frac{|U_{c_8}^2 \cap U_{d_1}|}{|U_{d_1}|} = 0.395$$

$$P(c_8=3\mid D=d_1)=\frac{P(c_8=3,D=d_1)}{P(D=d_1)}=\frac{|U_{c_8}^3\cap U_{d_1}|}{|U_{d_1}|}=0.605$$

所以，在决策表6-6中，客户为成长期客户的情形下，客户在特征行为属性项 c_8 上取值为1的概率为0，在 c_8 上取值为2的概率为0.395，在 c_8 上取值为3的概率为0.605，所以，$P(c_8=3\mid D=d_1)=\max\{P(c_8=j\mid D=d_1)\},j=1,2,3$。同时，由于 $P(c_8=3\mid D=d_1)>\lambda$，所以成长期标准客户在特征行为属性项 c_8 上的取值为3。

（4）对于成长期标准客户在特征行为属性项 c_9 上的取值而言，同上述计算过程，可得：

$$P(c_9=1\mid D=d_1)=\frac{P(c_9=1,D=d_1)}{P(D=d_1)}=\frac{|U_{c_9}^1\cap U_{d_1}|}{|U_{d_1}|}=0$$

$$P(c_9=2\mid D=d_1)=\frac{P(c_9=2,D=d_1)}{P(D=d_1)}=\frac{|U_{c_9}^2\cap U_{d_1}|}{|U_{d_1}|}=0.203$$

$$P(c_9=3\mid D=d_1)=\frac{P(c_9=3,D=d_1)}{P(D=d_1)}=\frac{|U_{c_9}^3\cap U_{d_1}|}{|U_{d_1}|}=0.797$$

所以，在决策表6-6中，客户为成长期客户的情形下，客户在特征行为属性项 c_9 上取值为1的概率为0，在 c_9 上取值为2的概率为0.203，在 c_9 上取值为3的概率为0.797，所以，$P(c_9=3\mid D=d_1)=\max\{P(c_9=j\mid D=d_1)\},j=1,2,3$。同时，由于 $P(c_9=3\mid D=d_1)>\lambda$，所以成长期标准客户在特征行为属性项 c_9 上的取值为3。

综合上述的计算结果可知，成长期标准客户在特征行为属性项 c_5 上的取值为3，在 c_7 上的取值为1，在 c_8 上的取值为3，在 c_9 上的取值为3。

（二）成熟期标准客户特征行为属性值的计算

该计算过程与成长期标准客户各特征行为属性项取值的计算过程相同。

（1）在特征行为属性项 c_5 的取值上，计算可得：

$$P(c_5=1\mid D=d_2)=0,P(c_5=2\mid D=d_2)=0.448,P(c_5=3\mid D=d_2)=0.552$$

所以，成熟期标准客户在特征行为属性项 c_5 上的取值为3。

（2）在特征行为属性项 c_7 的取值上，计算可得：

$$P(c_7=1\mid D=d_2)=0.659,P(c_7=2\mid D=d_2)=0.341,P(c_7=3\mid D=d_2)=0$$

所以，成熟期标准客户在特征行为属性项 c_7 上的取值为1。

（3）在特征行为属性项 c_8 的取值上，计算可得：

$$P(c_8=1\mid D=d_2)=0,P(c_8=2\mid D=d_2)=0.864,P(c_8=3\mid D=d_2)=0.136$$

所以，成熟期标准客户在特征行为属性项 c_8 上的取值为 2。

（4）在特征行为属性项 c_9 的取值上，计算可得：

$$P(c_9=1\mid D=d_2)=0,P(c_9=2\mid D=d_2)=0.896,P(c_9=3\mid D=d_2)=0.104$$

所以，成熟期标准客户在特征行为属性项 c_9 上的取值为 2。

综合上述的计算结果可知，成熟期标准客户在特征行为属性项 c_5 上的取值为 3，在 c_7 上的取值为 1，在 c_8 上的取值为 2，在 c_9 上的取值为 2。

（三）衰退期标准客户特征行为属性值的计算

（1）在特征行为属性项 c_5 的取值上，计算可得：

$$P(c_5=1\mid D=d_3)=0.269,P(c_5=2\mid D=d_3)=0.731,P(c_5=3\mid D=d_3)=0$$

所以，衰退期标准客户在特征行为属性项 c_5 上的取值为 2。

（2）在特征行为属性项 c_7 的取值上，计算可得：

$$P(c_7=1\mid D=d_3)=0.086,P(c_7=2\mid D=d_3)=0.371,P(c_7=3\mid D=d_3)=0.543$$

所以，衰退期标准客户在特征行为属性项 c_7 上的取值为 3。

（3）在特征行为属性项 c_8 的取值上，计算可得：

$$P(c_8=1\mid D=d_3)=0.566,P(c_8=2\mid D=d_3)=0.434,P(c_8=3\mid D=d_3)=0$$

所以，衰退期标准客户在特征行为属性项 c_8 上的取值为 1。

（4）在特征行为属性项 c_9 的取值上，计算可得：

$$P(c_9=1\mid D=d_3)=0.811,P(c_9=2\mid D=d_3)=0.189,P(c_9=3\mid D=d_3)=0$$

所以，衰退期标准客户在特征行为属性项 c_9 上的取值为 1。

综合上述的计算结果可知，衰退期标准客户在特征行为属性项 c_5 上的取值为 2，在 c_7 上的取值为 3，在 c_8 上的取值为 1，在 c_9 上的取值为 1。

三、个体客户剩余生命周期的计算

现有一移动通信客户 A。在当前时期，其基本情况为：利润贡献增长率为 -14%，平均成功通话率为 78%，平漫游费用比为 19%，日均通话次数的增幅为 -20%，月平均消费额的增幅为 -27%。通过第三章中的客户生命周期阶段的识别方法，可计算出客户 A 为“成长期客户”的综合证据置信度为 0，即 $\beta_{A,d_1}=0$；为“成熟期客户”的综合证据置信度为 0.38，即 $\beta_{A,d_2}=0.38$；为“衰退期客户”的综合证据置信度为 0.62，即 $\beta_{A,d_3}=0.62$；不确定 A 为何种类型客户的综合证据置信度为0，即 $\beta_{A,\Theta}=0$，详细的计算过程可参见第三章。根据A基本情况可知，A在上述各特征行为属性项上的取值为：$A_{c_5}=78\%$，$A_{c_7}=19\%$，$A_{c_8}=-20\%$，$A_{c_9}=-27\%$。此时，按第五章第二节中的方法可计算出客户A的剩余生命周期。

（一）标准客户特征行为属性值的“精确化”处理

由于 β_{A,d_2} 与 β_{A,d_3} 均不为0，因此需要分别对成熟期标准客户（$D=d_2$）、衰退期标准客户（$D=d_3$）与客户A之间的行为相似性进行计算，即：分别计算成熟期标准客户、衰退期标准客户与A之间的模糊贴近度。

由于A在 c_5，c_7，c_8 和 c_9 上取值均为精确值，而标准客户在 c_5，c_7，c_8 和 c_9 上的取值为区间值（通过表6-4可得到标准客户在各特征行为属性上的区间值）。因此，在计算成熟期标准客户、衰退期标准客户与A之间的模糊贴近度之前，需要对标准客户在 c_5，c_7，c_8 和 c_9 上的取值进行“精确化”处理。

对于成熟期标准客户而言，由前文可知，其在特征行为属性项上的取值为：$c_5=3$，$c_7=1$，$c_8=2$，$c_9=2$。首先，对成熟期标准客户在 c_5 上的取值进行精确化处理。通过决策表6-6可知，成熟期客户中 U_6 与 U_7 在 c_5 上的取值为3。对 U_6 与 U_7 中207名客户在 c_5 上的原始值进行求算术平均值运算，即可得到成熟期客户在 c_5 上的精确值 $\overline{X}_{c_5}^{d_2}=89.3\%$。同理，可算得成熟期客户在 c_7 上的精确值为 $\overline{X}_{c_7}^{d_2}=8.2\%$，在 c_8 上的精确值为 $\overline{X}_{c_8}^{d_2}=2.2\%$，在 c_9 上的精确值为 $\overline{X}_{c_9}^{d_2}=2.7\%$。

对于成长期标准客户而言，同上述计算过程，可得出成长期标准客户在 c_5 上精确值 $\overline{X}_{c_5}^{d_1}=92.7\%$，在 c_7 上的精确值为 $\overline{X}_{c_7}^{d_1}=5.4\%$，在 c_8 上的精确值为 $\overline{X}_{c_8}^{d_1}=21.3\%$，在 c_9 上的精确值为 $\overline{X}_{c_9}^{d_1}=23.6\%$。

同理，可得出衰退期标准客户在 c_5 上精确值 $\overline{X}_{c_5}^{d_3}=75.2\%$，在 c_7 上的精确值为 $\overline{X}_{c_7}^{d_3}=29.8\%$，在 c_8 上的精确值为 $\overline{X}_{c_8}^{d_3}=-30.7\%$，在 c_9 上的精确值为 $\overline{X}_{c_9}^{d_3}=-28.4\%$。

（二）客户的模糊隶属度的计算

1. 成熟期标准客户的模糊隶属度的计算

对于成熟期的标准客户而言，首先计算其在 c_5 上的模糊隶属度。对于特征行为属性项 c_5（平均成功通话率）而言，客户在 c_5 上的取值存在理论最大值100%与理论最小值0，即 c_5 的理论取值范围为［0，100%］，所以根据公式（5-14）可算得成熟期标准客户在 c_5 上的模糊隶属度 $\mu_{c_5}(d_2)$。

$$\mu_{c_5}(d_2)=\frac{\overline{X}_{c_5}^{d_2}-0}{100\%-0}=0.893$$

同理可知，客户在 c_7（月平均漫游费用比）上的取值同样存在理论最大值100%与理论最小值0，所以可算得成熟期标准客户在 c_7 上的模糊隶属度 $\mu_{c_7}(d_2)$。

$$\mu_{c_7}(d_2)=\frac{\overline{X}_{c_7}^{d_2}-0}{100\%-0}=0.082$$

对于特征行为属性项 c_8（日均通话次数增幅）而言，客户在 c_8 上的取值并不存在理论最大值，但存在理论最小值 -100%，即 c_8 的理论取值范围为 $[-100\%, +\infty)$。依据第五章第二节中方法，可得 $X_{\max}^{c_8}$。

$$X_{\max}^{c_8}=1.5\max(\overline{X}_{c_8}^{d_1},\overline{X}_{c_8}^{d_2},\overline{X}_{c_8}^{d_3})=1.5\times 21.3\%=0.32$$

依据公式（5-12）可算得成熟期标准客户在 c_8 上的模糊隶属度 $\mu_{c_8}(d_2)$。

$$\mu_{c_8}(d_2)=\frac{\overline{X}_{c_8}^{d_2}-(-100\%)}{X_{\max}^{c_8}-(-100\%)}=\frac{0.022-(-1)}{0.32-(-1)}=0.774$$

同理可知，客户在 c_9（月均消费额增幅）上的取值也并不存在理论最大值，但存在理论最小值 -100%，即 c_9 的理论取值范围为 $[-100\%, +\infty)$。依据第五章第二节中方法，可得 $X_{\max}^{c_9}$。

$$X_{\max}^{c_9}=1.5\max(\overline{X}_{c_9}^{d_1},\overline{X}_{c_9}^{d_2},\overline{X}_{c_9}^{d_3})=1.5\times 23.6\%=0.354$$

依据公式（5-12）可算得成熟期标准客户在 c_9 上的模糊隶属度 $\mu_{c_9}(d_2)$。

$$\mu_{c_9}(d_2)=\frac{\overline{X}_{c_9}^{d_2}-(-100\%)}{X_{\max}^{c_9}-(-100\%)}=\frac{0.027-(-1)}{0.354-(-1)}=0.758$$

综合上述计算结果，可得成熟期标准客户的综合模糊隶属度 $\mu(d_2)$。

$$\mu(d_2)=\{\mu_{c_5}(d_2),\mu_{c_7}(d_2),\mu_{c_8}(d_2),\mu_{c_9}(d_2)\}=\{0.893,0.082,0.774,0.758\}$$

2. 衰退期标准客户的模糊隶属度的计算

同成熟期标准客户的模糊隶属度的计算过程，可算得衰退期标准客户在 c_5，c_7，c_8 和 c_9 上的模糊隶属度 $\mu_{c_5}(d_3)$，$\mu_{c_7}(d_3)$，$\mu_{c_8}(d_3)$ 和 $\mu_{c_9}(d_3)$。

$$\mu_{c_5}(d_3)=0.752,\quad \mu_{c_7}(d_3)=0.298,\quad \mu_{c_8}(d_3)=0.525,\quad \mu_{c_9}(d_3)=0.528$$

所以，衰退期标准客户的综合模糊隶属度 $\mu(d_3)=\{0.752,0.298,0.525,0.528\}$。

3. 个体客户 A 的模糊隶属度的计算

同上述计算过程，可算得客户 A 在 c_5，c_7，c_8 和 c_9 上的模糊隶属度 $\mu_{c_5}(\text{A})$，

$\mu_{c_7}(A)$，$\mu_{c_8}(A)$和$\mu_{c_9}(A)$。

$$\mu_{c_5}(A)=0.78,\quad \mu_{c_7}(A)=0.19,\quad \mu_{c_8}(A)=0.61,\quad \mu_{c_9}(A)=0.539$$

所以，客户A的综合模糊隶属度$\mu(A)=\{0.78,0.19,0.61,0.539\}$。

（三）个体客户与标准客户间的模糊贴近度的计算

依据第五章中的公式（5-15），可分别计算出个体客户A与成熟期标准客户及衰退期标准客户之间行为相似度$\sigma(A,d_2)$和$\sigma(A,d_3)$。

$$\sigma(A,d_2)=\frac{\mu_{c_5}(A)\wedge\mu_{c_5}(d_2)+\mu_{c_7}(A)\wedge\mu_{c_7}(d_2)+\mu_{c_8}(A)\wedge\mu_{c_8}(d_2)+\mu_{c_9}(A)\wedge\mu_{c_9}(d_2)}{\mu_{c_5}(A)\vee\mu_{c_5}(d_2)+\mu_{c_7}(A)\vee\mu_{c_7}(d_2)+\mu_{c_8}(A)\vee\mu_{c_8}(d_2)+\mu_{c_9}(A)\vee\mu_{c_9}(d_2)}$$
$$=\frac{0.78+0.082+0.61+0.39}{0.893+0.19+0.774+0.758}=0.712$$

$$\sigma(A,d_3)=\frac{\mu_{c_5}(A)\wedge\mu_{c_5}(d_3)+\mu_{c_7}(A)\wedge\mu_{c_7}(d_3)+\mu_{c_8}(A)\wedge\mu_{c_8}(d_3)+\mu_{c_9}(A)\wedge\mu_{c_9}(d_3)}{\mu_{c_5}(A)\vee\mu_{c_5}(d_3)+\mu_{c_7}(A)\vee\mu_{c_7}(d_3)+\mu_{c_8}(A)\vee\mu_{c_8}(d_3)+\mu_{c_9}(A)\vee\mu_{c_9}(d_3)}$$
$$=\frac{0.752+0.19+0.525+0.528}{0.78+0.298+0.61+0.539}=0.896$$

（四）个体客户A的剩余生命周期时间的计算

通过本章第一节的计算结果可知，成熟期客户的平均剩余生命周期$u_{35}=10.3$，衰退期客户的平均剩余生命周期$u_{45}=6.1$。所以，成熟期标准客户的剩余生命周期$u_{d_2}=u_{35}=10.3$，衰退期标准客户的剩余生命周期时间$u_{d_3}=u_{45}=6.1$。

由于客户A为成熟期客户的置信度为0.38，为衰退期客户的置信度为0.62，所以可推断出客户A在特征行为属性项c_5，c_7，c_8和c_9上的数据要优于衰退期标准客户在c_5，c_7，c_8和c_9上的数据，所以根据第五章的公式（5-16），可算得客户A相对于衰退期标准客户的相对剩余生命周期$u_A^{d_3}$。

$$u_A^{d_3}=\frac{u_{d_3}}{\sigma(A,d_3)}=\frac{6.1}{0.896}\approx 6.8$$

另一方面，与成熟期标准客户在c_5，c_7，c_8和c_9上的数据相比，客户A要差于成熟期标准客户。所以，根据第五章的公式（5-17），可算得客户A相对于成熟期标准客户的相对剩余生命周期$u_A^{d_2}$。

$$u_A^{d_2}=u_{d_2}\sigma(A,d_2)=10.3\times 0.712\approx 7.3$$

依据公式（5-21），可算得个体客户A的剩余生命周期u_A。

$$u_{\mathrm{A}} = \beta_{\mathrm{A},d_2} u_{\mathrm{A}}^{d_2} + \beta_{\mathrm{A},d_3} u_{\mathrm{A}}^{d_3} = 0.38 \times 7.3 + 0.62 \times 6.8 \approx 7$$

所以，个体客户 A 的剩余生命周期约为 7 个月。

第三节　本章小结

通过江西某电信运营商的客户数据，对第四章和第五章中提出的生命周期各阶段客户的平均剩余生命周期的度量方法以及个体客户的剩余生命周期的度量方法的运算过程进行了验证分析，为后续以客户剩余生命周期为参数的客户价值度量奠定了基础。

第七章　客户价值及客户生命周期双视角下的客户管理策略

在上一章中，以某电信运营商的客户数据为例分析了客户剩余生命周期的计算过程。客户价值是客户分类管理的基础。在客户价值度量的过程中，客户潜在价值的度量是其中的关键与难点，而客户的剩余生命周期是客户潜在价值度量的关键参数。因此，本章将在客户的剩余生命周期的基础上对客户的价值进行度量，从客户价值以及客户生命周期双视角下对客户分类管理策略进行分析。

第一节　基于客户生命周期的客户价值的计算

当前客户价值度量的方法主要是 Jackson 在净现值思想基础上提出的客户价值计算的基本公式。

$$CV = \sum_{t=0}^{T} \frac{(R_t - C_t)}{(1+d)^t} \tag{7-1}$$

式中　R_t——t 时期客户为企业带来的收益；

C_t——t 时期客户的服务成本；

T——客户的剩余生命周期；

d——贴现率。

$R_t - C_t$ 表示 t 时期客户为企业所贡献的利润，因此 $R_0 - C_0$ 表示当前时期客户为企业所贡献的利润，也可以反映出客户的当前价值。

下面以上一章中的电信客户 A 为例，说明客户价值的计算过程。由上一章的结算结果可知，客户 A 的剩余生命周期约为 7 个月。由于客户 A 的剩余生命周期时间较短，可不考虑贴现率的影响。因此，可将上述的客户价值计算公式简化为下式：

$$CV(\mathrm{A}) = \sum_{t=0}^{7}(R_t - C_t) = (R_0 - C_0) + (R_1 - C_1) + \cdots + (R_7 - C_7)$$

在上式中，$R_0 - C_0$ 为客户 A 的当前价值。$(R_1 - C_1) + \cdots + (R_7 - C_7)$则表示客户 A 的潜在价值（即在未来客户 A 为企业带来的利润的期望值）。由于客户 A 当前为企业带来的收益以及当前的客户成本已知（即 R_0 与 C_0 已知），所以客户 A 的当前价值较容易计算。在此不妨设客户 A 的当前价值为 50，即：$R_0 - C_0 = 50$。

根据上一章的计算结果可知：对于客户 A 而言，其当前的状态为"成长期"客户的综合证据置信度为 0，为成熟期客户的综合证据置信度为 0.38，为衰退期客户的综合证据置信度为 0.62，所以可推断出客户 A 当前所处的生命周期阶段为衰退期。因此，在当前（即 $t=0$ 时期）客户的状态为衰退期客户。

$$\boldsymbol{P}^* = \begin{bmatrix} 0 & p_{12}^* & 0 & 0 & p_{15}^* \\ 0 & p_{22}^* & p_{23}^* & p_{24}^* & p_{25}^* \\ 0 & p_{32}^* & p_{33}^* & p_{34}^* & p_{35}^* \\ 0 & p_{42}^* & p_{43}^* & p_{44}^* & p_{45}^* \\ 0 & 0 & 0 & 0 & 1 \end{bmatrix} = \begin{bmatrix} 0 & 0.986 & 0 & 0 & 0.014 \\ 0 & 0.449 & 0.485 & 0.04 & 0.026 \\ 0 & 0.123 & 0.688 & 0.135 & 0.054 \\ 0 & 0.054 & 0.116 & 0.542 & 0.288 \\ 0 & 0 & 0 & 0 & 1 \end{bmatrix}$$

根据第六章第一节的内容可知，客户 A 所在的电信客户群体的状态转移平均概率矩阵 $\boldsymbol{P}^*$，结合客户 A 当前处于衰退期，可得到在下一时期（即：$t=1$ 时期）客户 A 所处状态的概率分布向量 $\boldsymbol{P}'_1$。

$$\begin{aligned} \boldsymbol{P}'_1 &= (p'_{1,1}, p'_{1,2}, p'_{1,3}, p'_{1,4}, p'_{1,5}) = (0, p_{42}^*, p_{43}^*, p_{44}^*, p_{45}^*) \\ &= (0, 0.054, 0.116, 0.542, 0.288) \end{aligned}$$

到了 $t=1$ 时期，客户 A 为考察期客户的概率为 0，为成长期客户的概率为 0.054，为成熟期客户的概率为 0.116，为衰退期客户的概率为 0.542，为流失期客户的概率为 0.288。根据客户生命周期理论以及动态客户关系理论可知，若在下一时期（即 $t=1$ 时期）客户处于成长期，则意味着从当前时期到下一时期这一段时间内，客户为企业带来的利润将会上升，设利润上升率为 a；若在下一时期（即 $t=1$ 时期）客户处于成熟期，则意味着从当前时期到下一时期这一段时间内，客户为企业带来的利润会基本不变；若在下一时期（即 $t=1$ 时期）客户处于衰退期，则意味着从当前时期到下一时期这一段时间内，客户为企业带来的利润将会下降，设利润下降率为 b。若在下一时期（即 $t=1$ 时期）客户处于流失期，则意味着从当前时期到下一时期这一段时间内，客户为企业带来的利润将会变为零。由专家依据经验给定 $a=20\%$，$b=20\%$。依据 $R_0 - C = 50$，结合在 $t=1$ 时期客户 A 所处状态的概率分布向量 $\boldsymbol{P}'_1$，可计算出 $t=1$ 时期，客户 A 为企业带来的利润的期望值 $R_1 - C_1$。

$$\begin{aligned} R_1 - C_1 &= p'_{1,2}(R_0 - C_0)(1+20\%) + p'_{1,3}(R_0 - C_0) + p'_{1,4}(R_0 - C_0)(1-20\%) \\ &= 0.054 \times 50 \times (1+20\%) + 0.116 \times 50 + 0.542 \times 50 \times (1-20\%) \approx 30.7 \end{aligned}$$

到了在 $t=2$ 时期，依据公式（4-4）可算得客户 A 的状态概率向量 $\boldsymbol{P}'_2$。

$$\boldsymbol{P}_2' = P_1'P^* = (0,0.053,0.115,0.536,0.286) \times \begin{pmatrix} 0 & 0.986 & 0 & 0 & 0.014 \\ 0 & 0.449 & 0.485 & 0.04 & 0.026 \\ 0 & 0.123 & 0.688 & 0.135 & 0.054 \\ 0 & 0.054 & 0.116 & 0.542 & 0.288 \\ 0 & 0 & 0 & 0 & 1 \end{pmatrix}$$

$$= (0,p_{2,2}',p_{2,3}',p_{2,4}',p_{2,5}') = (0,0.068,0.169,0.312,0.452)$$

同 $R_1 - C_1$ 的计算过程，可算得客户 A 在 $t=2$ 时期为企业带来的利润期望值 $R_2 - C_2$。

$$\begin{aligned} R_2 - C_2 &= p_{2,2}'(R_1 - C_1)(1+20\%) + p_{2,3}'(R_1 - C_1) + p_{2,4}'(R_1 - C_1)(1-20\%) \\ &= 0.068 \times 30.7 \times (1+20\%) + 0.169 \times 30.7 + 0.312 \times 30.7 \times (1-20\%) \\ &\approx 15.4 \end{aligned}$$

与 P_2' 及 $R_2 - C_2$ 的计算过程相同，可算得在 $t=3$ 时期客户 A 的状态概率向量 $\boldsymbol{P}_3'$ 以及客户 A 为企业带来的利润的期望值 $R_3 - C_3$。

$$\boldsymbol{P}_3' = \boldsymbol{P}_2'\boldsymbol{P}^* = \boldsymbol{P}_1'(\boldsymbol{P}^*)^2 = (0,0.068,0.185,0.195,0.552)$$

$$\begin{aligned} R_3 - C_3 &= p_{3,2}'(R_2 - C_2)(1+20\%) + p_{3,3}'(R_2 - C_2) + p_{3,4}'(R_2 - C_2)(1-20\%) \\ &= 0.068 \times 15.4 \times (1+20\%) + 0.185 \times 15.4 + 0.195 \times 15.4 \times (1-20\%) \\ &\approx 6.5 \end{aligned}$$

同理可知，在 $t=4$ 时期，客户 A 的状态概率向量 $\boldsymbol{P}_4'$ 以及客户 A 为企业带来的利润的期望值 $R_4 - C_4$。

$$\boldsymbol{P}_4' = \boldsymbol{P}_3'\boldsymbol{P}^* = \boldsymbol{P}_1'(\boldsymbol{P}^*)^3 = (0,0.064,0.183,0.133,0.62)$$

$$\begin{aligned} R_4 - C_4 &= p_{4,2}'(R_3 - C_3)(1+20\%) + p_{4,3}'(R_3 - C_3) + p_{4,4}'(R_3 - C_3)(1-20\%) \\ &= 0.064 \times 6.5 \times (1+20\%) + 0.183 \times 6.5 + 0.133 \times 6.5 \times (1-20\%) \\ &\approx 2.4 \end{aligned}$$

在 $t=5$ 时期：

$$\boldsymbol{P}_5' = \boldsymbol{P}_4'\boldsymbol{P}^* = \boldsymbol{P}_1'(\boldsymbol{P}^*)^4 = (0,0.058,0.173,0.099,0.67)$$

$$\begin{aligned} R_5 - C_5 &= p_{5,2}'(R_4 - C_4)(1+20\%) + p_{5,3}'(R_4 - C_4) + p_{5,4}'(R_4 - C_4)(1-20\%) \\ &= 0.058 \times 2.4 \times (1+20\%) + 0.173 \times 2.4 + 0.099 \times 2.4 \times (1-20\%) \\ &\approx 0.79 \end{aligned}$$

在 $t=6$ 时期：

$$\boldsymbol{P}_6' = \boldsymbol{P}_5'\boldsymbol{P}^* = \boldsymbol{P}_1'(\boldsymbol{P}^*)^5 = (0,0.053,0.158,0.079,0.71)$$

$$\begin{aligned} R_6 - C_6 &= p_{6,2}'(R_5 - C_5)(1+20\%) + p_{6,3}'(R_5 - C_5) + p_{6,4}'(R_5 - C_5)(1-20\%) \\ &= 0.053 \times 0.79 \times (1+20\%) + 0.158 \times 0.79 + 0.079 \times 0.79 \times (1-20\%) \\ &\approx 0.22 \end{aligned}$$

在 $t=7$ 时期：

$$\boldsymbol{P}'_7=\boldsymbol{P}'_6\boldsymbol{P}^*=\boldsymbol{P}'_1(\boldsymbol{P}^*)^6=(0,0.048,0.145,0.067,0.74)$$

$$\begin{aligned}R_7-C_7&=p'_{7,2}(R_6-C_6)(1+20\%)+p'_{7,3}(R_6-C_6)+p'_{7,4}(R_6-C_6)(1-20\%)\\&=0.048\times0.22\times(1+20\%)+0.145\times0.22+0.067\times0.22\times(1-20\%)\\&\approx0.057\end{aligned}$$

最后，对上述各时期的客户 A 为企业带来的利润期望值进行求和，可最终算得客户 A 的价值。

$$\begin{aligned}CV(\mathrm{A})=\sum_{t=0}^{7}(R_t-C_t)&=50+30.7+15.4+6.5+2.4+\\&0.79+0.22+0.057\approx106.1\end{aligned}$$

因此，客户 A 的当前价值为 50，潜在价值为 56.1。

第二节 客户生命周期视角下客户价值的影响因素分析

上一节对基于客户剩余生命周期的客户价值的度量方法及度量过程进行了分析，处于不同生命周期阶段客户的价值的影响因素不同，这些因素会对客户在未来为企业的价值贡献产生影响，也是企业对客户进行分类管理的重要依据。因此，本节采用 DEMATEL 对处于成长期、成熟期以及衰退期客户的客户价值影响因素进行分析。

一、客户价值影响因素

根据客户价值的定义，客户价值主要体现在客户为企业带来的收益以及企业为维持客户关系所支付的成本两个方面。因此，可以从企业以及客户两个维度出发确定客户价值的影响因素。

（1）在企业层面。沈宝宝等（2019 年）认为，客户价值是客户愿意为企业所提供的商品或服务支付的价格。企业提供的商品或服务的质量水平越高，客户愿意为这些产品或服务支付的价格也越高，企业能够获得的利润也就越大[169]。因此，企业的产品或服务的质量水平是企业层面影响客户价值的因素之一。

闫春等（2018 年）认为企业的竞争力越强，企业产品或服务的替代品越少，客户转向其他企业的概率越低，企业客户的价值越高[170]。因此，企业的竞争力是企业层面影响客户价值的因素之一。

龙小园（2019 年）认为，企业产品或服务的价格对客户有重要的影响，绝大多数的客户对企业产品或服务的价格较为敏感[171]。企业的产品或服务的价格一旦超过客户的预期，客户会减少对企业产品或服务的消费支出，进而影响到客户对企业的价值创造。因此，产品或服务的价格是企业层面下影响客户价值的因素。

Hakseung（2020 年）等认为，企业的业务对客户的吸引力与客户持续购买企业产品或服务的意愿有显著的影响[172]。企业的业务对客户的吸引力越强，客户持续购买企业产品或服务的概率越大，客户对企业的价值贡献越大。因此，业务吸引力是企业层面下影响客户价值的因素之一。

（2）在客户层面。Noor 等（2019 年）通过对巴基斯坦的电信客户的价值进行分析发现：客户的转移成本对客户的价值有重要影响[173]。客户的转移成本越高，客户的生命周期就越长，客户的价值也就越大。客户的转换成本是影响客户价值的重要因素。

那文忠（2015 年）发现：客户的满意度对客户的购买行为有正向的影响[174]。因此，客户的满意度越高，客户对企业的价值贡献也就越高。所以，客户满意度是客户层面下影响客户价值的因素。

高翔等（2019 年）认为，客户对企业产品或服务的体验对客户的消费意愿有重要的影响[175]。客户对企业产品或服务的体验程度越高，客户对企业产品或服务的认可度越高，对企业产品或服务的消费意愿越强，对企业的价值贡献越大。因此，产品或服务体验是影响客户价值的因素之一。

Eria（2019 年）等对客户的流失倾向进行了分析，认为客户的流失倾向越强，客户的剩余生命周期长度越短，客户的流失概率越大，客户对企业的价值贡献也就越低[176]。因此，客户的流失倾向是影响客户价值的因素之一。

综合上述文献的研究成果，可从企业以及客户两个维度确定影响客户价值的因素，见表 7-1。

表 7-1　客户价值的影响因素

序号	维度	因素名称	表示符号	含　义
1	企业	产品或服务质量	F_1	企业为客户提供的产品或服务的质量在行业内的水平
2		企业竞争力	F_2	企业在行业内的竞争力
3		产品或服务的价格	F_3	企业为客户提供产品或服务的价格
4		业务吸引力	F_4	企业的产品或服务对客户的吸引力
5	客户	客户满意度	F_5	客户对企业的产品或服务的满意度
6		产品或服务体验	F_6	客户对企业的产品或服务的质量的感知情况
7		转移成本	F_7	客户更换其他企业的同类产品或服务需要付出的成本
8		流失倾向	F_8	客户对结束与企业之间的契约关系的倾向程度

二、DEMATEL 方法

由于客户价值的影响因素涉及企业以及客户两个维度下的多个因素，这些因素彼此之间可能存在着复杂的相关影响关系。因此，从这些因素之间的彼此作用关系中确定影响成长期、成熟期、衰退期等生命周期阶段的客户价值的关键因素过程是一个复杂的系统工程。因此，下面采用 DEMATEL 方法从表 7-1 的因素中筛选出影响成长期、成熟期、衰退期等生命周期阶段客户价值的关键因素。

DEMATEL 方法（决策与实验室方法）是美国学者 A. Gabus 等提出的一种运用图论和矩阵工具对复杂系统进行分析的方法。其主要思想为：通过系统中各要素之间的相互作用的逻辑关系，构建系统各要素之间的相互影响矩阵，然后借助矩阵论等矩阵运算方法计算出各系统的各要素在系统中的中心度和原因度；并通过中心度和原因度两个指标来确定各要素对系统的影响，从而确定影响系统的关键因素[177,178]。其具体的步骤如下：

（1）假设有 n 位专家，用 $a_{ij,k}$表示第 k 位专家给出的因素 F_i 对因素 F_j 的影响，$a_{ij,k}$可通过表 7-2 中的规则进行计算。

表 7-2 因素之间相互影响值的度量规则

F_i 对 F_j 的影响	取值	取值规则	含义
$a_{ij,k}$	0	低于 5% 的专家认为 F_i 对 F_j 有影响	F_i 对 F_j 无影响
	1	5% ~33% 的专家认为 F_i 对 F_j 有影响	F_i 对 F_j 有较弱的影响
	2	33% ~66% 的专家认为 F_i 对 F_j 有影响	F_i 对 F_j 有一定程度的影响
	3	超过 66% 的专家认为 F_i 对 F_j 有影响	F_i 对 F_j 有较大的影响

（2）所有的 n 位专家给出的因素 F_i 对因素 F_j 的影响值 a_{ij}可通过公式（7-2）进行计算。

$$a_{ij} = \frac{\sum_{k=1}^{n} a_{ij,k}}{n} \tag{7-2}$$

（3）系统内各因素间的影响可用矩阵 $\boldsymbol{A}$ 表示，$\boldsymbol{A} = [a_{ij}]_{n\times n}$，当 $i=j$ 时，$a_{ij}=0$。按照公式（7-3）将矩阵 $\boldsymbol{A}$ 进行标准化处理得到矩阵 $\boldsymbol{X}$。

$$\boldsymbol{X} = \frac{\boldsymbol{A}}{\max\limits_{1\leqslant i\leqslant n}\sum_{j=1}^{n} a_{ij}} \tag{7-3}$$

（4）按照公式（7-4）将矩阵 $\boldsymbol{X}$ 转化为各因素间的相互关系矩阵 $\boldsymbol{M}$。在公式（7-4）中，$\boldsymbol{I}$ 为单位矩阵。

$$M = X(I - X)^{-1} \tag{7-4}$$

（5）按照公式（7-5）分别计算出矩阵 $\boldsymbol{M}$ 中各行与各列进行求和，可得到各因素的影响度 D_i 与被影响度 R_j。

$$D_i = \sum_{j=1}^{n} t_{ij}, R_j = \sum_{i=1}^{n} t_{ij} \tag{7-5}$$

在式（7-5）中，D_i 为因素 F_i 对其他因素所产生的直接影响以及间接影响的总和，称为影响度（D）；而 R_j 为因素 F_j 所受到的系统中其他因素的直接影响及间接影响之和，称为被影响度（R）；当 $i=j$ 时，D_i+R_j 为因素 i 在整个系统中的重要程度，称为中心度($D+R$)。同样，当 $i=j$ 时，D_i-R_j 为原因度($D-R$)。当 $D_i-R_j>0$ 时，则说明因素 F_i 为原因因素；$D_i-R_j<0$ 时，则说明因素 F_i 为结果因素。

三、基于 DEMATEL 的成长期客户价值的关键影响因素分析

在不同的生命周期阶段，客户具有不同的特点，影响成长期、成熟期以及衰退期客户价值的关键因素也是不同的。因此，通过专家访谈方法对赣州电信的 100 位当前状态为成长期的客户进行调查，按照公式（7-2）和公式（7-3）对表 7-1 中影响客户价值的因素之间的相互影响程度进行评判，从而得到成长期客户的客户价值影响因素之间的相互影响程度表，见表 7-3。

表 7-3 成长期客户价值影响因素之间的相互影响程度

因素	F_1	F_2	F_3	F_4	F_5	F_6	F_7	F_8
F_1	0	1.9	0.92	2.1	1.92	1.88	1	2.15
F_2	0.87	0	1.83	0.85	0.98	0.84	1.7	0.81
F_3	0.1	1.4	0	2.12	1.98	1.68	0.06	1.86
F_4	0.98	2.12	0.85	0	2.3	2.32	0.82	0.85
F_5	0.05	2.1	0.82	0.78	0	2.24	1.2	2.75
F_6	0.88	2.08	0.31	1.3	2.68	0	0.13	2.1
F_7	0.16	0.06	0.28	0.08	0.17	0.1	0	1.72
F_8	0.04	1.82	0.78	0.16	2.8	0.09	0.15	0

根据表 7-3，可得到成长期客户价值影响因素之间的相互影响矩阵 $\boldsymbol{A}$。

$$
\boldsymbol{A}=[a_{ij}]_{8\times 8}=\begin{bmatrix}
0 & 1.90 & 0.92 & 2.1 & 1.92 & 1.88 & 1 & 2.15\\
0.87 & 0 & 1.83 & 0.85 & 0.98 & 0.84 & 1.7 & 0.81\\
0.1 & 1.4 & 0 & 2.12 & 1.98 & 1.68 & 0.06 & 1.86\\
0.98 & 2.12 & 0.85 & 0 & 2.3 & 2.32 & 0.82 & 2.25\\
0.05 & 2.1 & 0.82 & 0.78 & 0 & 2.24 & 1.2 & 2.75\\
0.88 & 2.08 & 0.31 & 1.3 & 2.68 & 0 & 0.13 & 2.1\\
0.16 & 0.06 & 0.28 & 0.08 & 0.17 & 0.1 & 0 & 1.72\\
0.04 & 1.82 & 0.78 & 0.16 & 2.8 & 0.09 & 0.15 & 0
\end{bmatrix}
$$

通过公式（7-4）和公式（7-5）对矩阵 $\boldsymbol{A}$ 进行处理，可得到各个成长期客户价值影响因素的影响度（D）、被影响度（R）、原因度（$D-R$）以及中心度指标（$D+R$），见表7-4。

表7-4 成长期客户价值影响因素的影响度、被影响度、中心度及原因度

因素	影响度（D）	被影响度（R）	中心度（$D+R$）	原因度（$D-R$）
F_1	3.375	0.912	4.287	2.563
F_2	2.196	3.327	5.523	-1.132
F_3	2.750	1.806	4.556	0.944
F_4	3.271	1.919	5.190	1.352
F_5	2.633	3.638	6.271	-1.006
F_6	2.769	2.509	5.278	0.260
F_7	0.670	1.563	2.233	-0.894
F_8	1.715	3.701	5.417	-1.986

从表7-4中各个成长期客户价值影响因素的原因度的值来看，发现：企业维度下的产品或服务的质量水平（F_1），产品或服务的价格水平（F_3），业务的吸引力（F_4）以及客户维度下的产品或服务体验（F_6）等四个因素的原因度值（$D-R$）均大于0，其他因素的原因度值均小于0，如图7-1所示。

由于产品或服务的质量水平（F_1），产品或服务的价格水平（F_3），业务的吸引力（F_4）以及质量感知（F_6）等四个因素的原因度值（$D-R$）均大于0，所以，产品或服务的质量水平（F_1），产品或服务的价格水平（F_3），业务的吸引力（F_4）以及产品或服务体验（F_6）均为影响成长期客户价值的原因性因素。因此，对处于成长期的客户而言，影响其客户价值的关键因素是产品或服务的质量水平、产品或服务的价格水平、业务的吸引力和产品或服务体验。这表明，对处于成长期的客户而言，客户重点关注企业的产品或服务的质量、产品或服务的

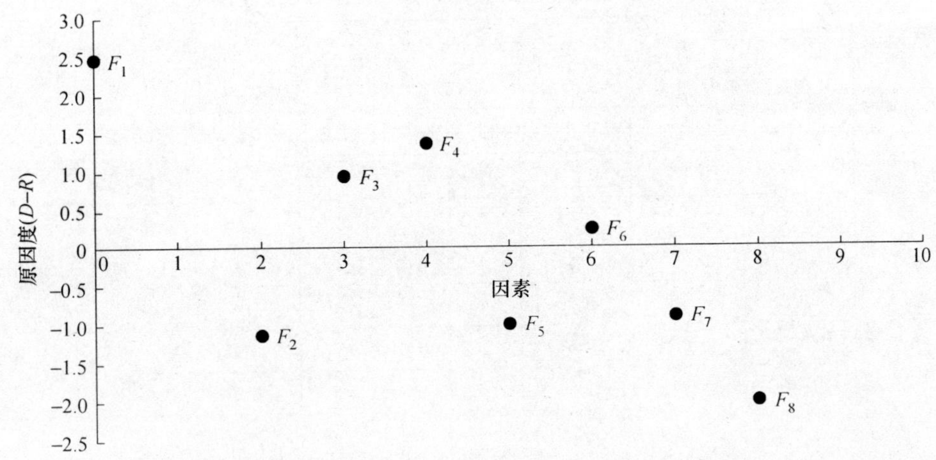

图 7-1　成长期客户价值影响因素的原因度分布图

价格、业务的吸引力，这些影响着客户关系的后续发展，对客户的价值贡献有重要的影响。对于客户自身而言，成长期客户更加注重的是自身与企业产品或服务的体验感知情况。

从表 7-4 中的各因素的中心度（$D+R$）值来看，产品或服务的质量水平（F_1），产品或服务的价格水平（F_3），业务的吸引力（F_4）以及质量感知（F_6）等四个关键因素中，业务吸引力以及产品或服务体验两个因素的中心度较大，为第一层次的关键因素。产品或服务的质量水平，产品或服务的价格水平两个因素的中心度相对较低，为第二层次的关键因素。这也能看出，对于成长期的客户而言，客户最关注的是企业的业务对自己的吸引力和客户对企业产品或服务的体验，即企业的产品或服务是否能有效地满足自己的需求，产品或服务的体验是成长期客户最关注的因素。由于成长期客户对企业的产品或服务的了解还并不深入，所以企业产品或服务的质量以及价格水平为客户关注的第二层次的因素。

四、基于 DEMATEL 的成熟期客户价值的关键影响因素分析

同成长期的客户不同，成熟期的客户与企业的合作关系较为稳定，对企业的产品或服务较为了解。因此，成熟期客户价值的关键影响因素与成长期客户有所不同。因此，通过专家访谈方法对赣州电信的 102 位当前状态为成熟期的客户进行调查，按照公式（7-2）和公式（7-3）对表 7-1 中影响客户价值的因素之间的相互影响程度进行评判，从而得到成熟期客户价值影响因素之间的影响程度表，见表 7-5。

表 7-5　成熟期客户价值影响因素之间的相互影响程度

因素	F_1	F_2	F_3	F_4	F_5	F_6	F_7	F_8
F_1	0	1.81	1.60	2.11	1.86	1.32	1.89	2.14
F_2	0.09	0	0.85	1.38	0.55	1.25	2.05	1.22
F_3	0.63	0.86	0	1.83	1.2	1.68	0.14	1.42
F_4	0.8	1.56	1.64	0	1.6	2.08	0.63	1.32
F_5	0.09	2.7	1.84	1.92	0	0.83	1.98	2.88
F_6	1.02	2.08	1.22	1.65	2.68	0	0.13	2.1
F_7	0.15	0.06	1.64	0.76	0.15	0.1	0	1.70
F_8	0.05	1.81	0.52	0.75	1.88	0.11	0.18	0

根据表 7-5，可得到成熟期客户价值影响因素之间的相互影响矩阵 $\boldsymbol{A}$。

$$\boldsymbol{A}=[a_{ij}]_{8\times 8}=\begin{bmatrix} 0 & 1.81 & 1.60 & 2.11 & 1.86 & 1.32 & 1.89 & 2.14 \\ 0.09 & 0 & 0.85 & 1.38 & 0.55 & 1.25 & 2.05 & 1.22 \\ 0.63 & 0.86 & 0 & 1.83 & 1.2 & 1.68 & 0.14 & 1.42 \\ 0.8 & 1.56 & 1.64 & 0 & 1.6 & 2.08 & 0.63 & 1.32 \\ 0.09 & 2.7 & 1.84 & 1.92 & 0 & 0.83 & 1.98 & 2.88 \\ 1.02 & 2.08 & 1.22 & 1.65 & 2.68 & 0 & 0.13 & 2.1 \\ 0.15 & 0.06 & 1.64 & 0.76 & 0.15 & 0.1 & 0 & 1.7 \\ 0.05 & 1.81 & 0.52 & 0.75 & 1.88 & 0.11 & 0.18 & 0 \end{bmatrix}$$

通过公式（7-4）和公式（7-5）对矩阵 $\boldsymbol{A}$ 进行处理，可得到各成熟期客户价值影响因素的影响度（D）、被影响度（R）、原因度（$D-R$）以及中心度指标（$D+R$），见表 7-6。

表 7-6　成长期客户价值影响因素的影响度、被影响度、中心度及原因度

因素	影响度（D）	被影响度（R）	中心度（$D+R$）	原因度（$D-R$）
F_1	2.876	0.680	3.556	2.195
F_2	1.636	2.572	4.209	−0.936
F_3	1.939	2.118	4.057	−0.179
F_4	2.322	2.353	4.674	−0.031
F_5	2.579	2.297	4.877	0.282
F_6	2.606	1.753	4.359	0.853
F_7	1.012	1.621	2.632	−0.609
F_8	1.294	2.870	4.164	−1.576

从表 7-4 中各个成长期客户价值影响因素的原因度值发现：企业维度下的产品或服务的质量水平（F_1），客户满意度（F_5）以及客户维度下的产品或服务体验（F_6）等三个因素的原因度值（$D-R$）均大于 0。其他因素的原因度值均小于 0，如图 7-2 所示。由于这三个因素的原因度大于 0，所以它们为原因性因素。因此，产品或服务的质量水平（F_1），客户满意度（F_5）以及产品或服务体验（F_6）等为成熟期客户价值的关键影响因素。

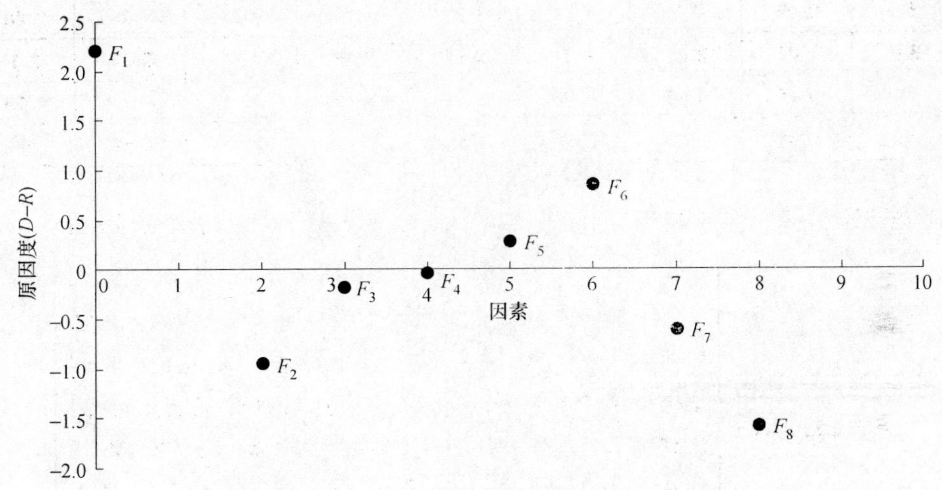

图 7-2　成熟期客户价值影响因素的原因度分布

通过表 7-6 中的成熟期客户价值影响因素的中心度可发现：在产品或服务的质量水平（F_1），客户满意度（F_5）以及产品或服务体验（F_6）等三个关键因素中，客户满意度（F_5）以及产品或服务体验（F_6）的中心度相对较高，为成熟期客户较为关注的第一层次的关键因素。产品或服务的质量水平（F_1）的中心度相对较低，为第二层次的关键因素。

五、基于 DEMATEL 的衰退期客户价值的关键影响因素分析

通过专家访谈方法对赣州电信的 93 位当前状态为成熟期的客户进行调查，按照公式（7-2）和公式（7-3）对表 7-1 中影响客户价值的因素相互影响程度进行评判，从而得到衰退期客户价值影响因素之间的影响程度表，见表 7-7。

表 7-7　衰退期客户价值影响因素之间的相互影响程度

因素	F_1	F_2	F_3	F_4	F_5	F_6	F_7	F_8
F_1	0	1.41	1.28	1.61	1.4	1.39	0.87	1.22

续表 7-7

因素	F_1	F_2	F_3	F_4	F_5	F_6	F_7	F_8
F_2	0.13	0	0.76	0.81	0.42	0.35	1.08	0.83
F_3	0.72	0.61	0	0.92	0.84	0.98	0.2	1.16
F_4	0.78	1.72	1.47	0	1.82	1.71	0.76	0.42
F_5	0.52	2.34	0.81	2.13	0	0.82	1.42	2.64
F_6	0.86	1.32	0.83	1.58	1.94	0	0.39	0.78
F_7	0.31	1.57	1.59	0.78	0.98	0.92	0	1.4
F_8	0.11	2.74	0.68	0.32	1.59	0.9	0.92	0

根据表 7-7，可得到衰退期客户价值影响因素之间的相互影响矩阵 $\boldsymbol{A}$。

$$\boldsymbol{A}=[a_{ij}]_{8\times 8}=\begin{bmatrix} 0 & 1.41 & 1.28 & 1.61 & 1.40 & 1.39 & 0.87 & 1.22 \\ 0.13 & 0 & 0.76 & 0.81 & 0.42 & 0.35 & 1.08 & 0.83 \\ 0.72 & 0.61 & 0 & 0.92 & 0.84 & 0.98 & 0.2 & 1.16 \\ 0.78 & 1.72 & 1.47 & 0 & 1.82 & 1.71 & 0.76 & 0.42 \\ 0.52 & 2.34 & 0.81 & 2.13 & 0 & 0.82 & 1.42 & 2.64 \\ 0.86 & 1.32 & 0.83 & 1.58 & 1.94 & 0 & 0.39 & 0.78 \\ 0.31 & 1.57 & 1.59 & 0.78 & 0.98 & 0.92 & 0 & 1.4 \\ 0.11 & 2.74 & 0.68 & 0.32 & 1.59 & 0.9 & 0.92 & 0 \end{bmatrix}$$

通过公式（7-4）和公式（7-5）对矩阵 A 进行处理，可得到各衰退期客户价值影响因素的影响度（D）、被影响度（R）、原因度（$D-R$）以及中心度指标($D+R$)，见表 7-8。

表 7-8 衰退期客户价值影响因素的影响度、被影响度、中心度及原因度

因素	影响度（D）	被影响度（R）	中心度（$D+R$）	原因度（$D-R$）
F_1	2.782	1.065	3.848	1.717
F_2	1.354	3.515	4.868	-0.216
F_3	1.735	2.204	3.938	-0.469
F_4	2.627	2.424	5.051	0.203
F_5	3.086	2.634	5.720	0.452
F_6	2.430	2.082	4.512	0.348
F_7	2.205	1.831	4.036	0.373
F_8	2.099	2.564	4.663	-0.465

从表 7-8 中各个成长期客户价值影响因素的原因度值发现：企业维度下的产品或服务的质量水平（F_1），业务吸引力（F_4）以及客户维度下的客户满意度（F_5），产品或服务体验（F_6）和转移成本（F_7）等五个因素的原因度值（$D-R$）均大于0。其他因素的原因度值均小于0，如图 7-3 所示。

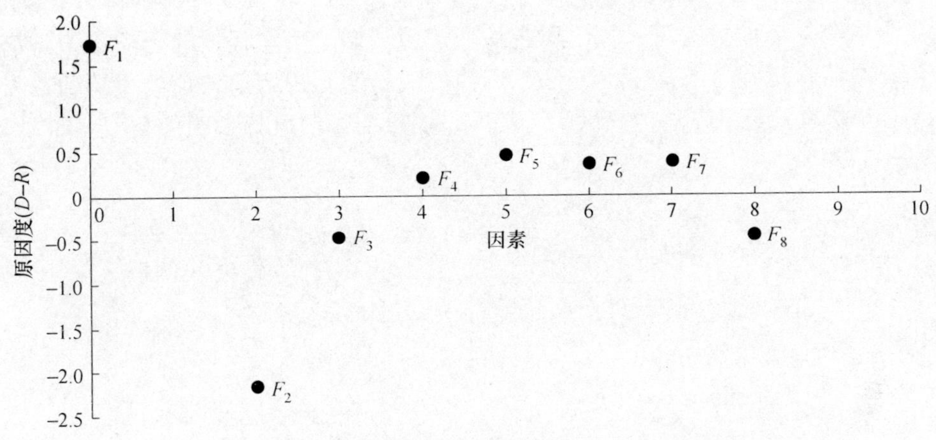

图 7-3 衰退期客户价值影响因素的原因度分布

根据 DEMATEL 方法中的因素判别规则：原因度小于 0 的因素为原因性，所以产品或服务的质量水平（F_1）业务吸引力（F_4），客户满意度（F_5），产品或服务体验（F_6）和转移成本（F_7）等五个因素为衰退期客户价值的关键影响因素。

通过表 7-8 中的衰退期客户价值影响因素的中心度可发现：在产品或服务的质量水平（F_1）、业务吸引力（F_4）、客户满意度（F_5）、产品或服务体验（F_6）和转移成本（F_7）等衰退期客户价值的关键影响因素中，业务吸引力（F_4）、客户满意度（F_5）两个因素的中心度较高，为第一层次的关键因素；产品或服务体验（F_6）和转移成本（F_7）两个因素的中心度相对较低，为衰退期客户较为关注的第二层次的关键因素。产品或服务的质量水平（F_1）的中心度最低，为第三个层次的关键因素。

第三节 客户生命周期及客户价值双视角下的客户分类管理策略

通过本章第一节的方法可算出处于某个生命周期阶段的个体客户的当前价值与潜在价值。在本章的第二章分析了成长期、成熟期以及衰退期客户价值的关键影响因素。因此，本节从客户所处生命周期阶段、客户的当前价值以及客户的潜在价值三个维度对客户进行分类，结合生命周期各阶段客户价值的关键因素，对三个维度下不同类型客户的管理策略进行探讨。

一、基于客户价值的成长期客户管理策略

首先，运用第三章的方法可识别出所有当前处于成长期状态的客户；然后，运用本章第一节的方法可计算出所有的处于成长期的个体客户的当前价值与潜在价值；最后，运用求平均值的方法，可算出成长期客户当前价值的平均值以及成长期客户潜在价值的平均值。以此为基准，成长期客户可分为四种类型，如图 7-4 所示。

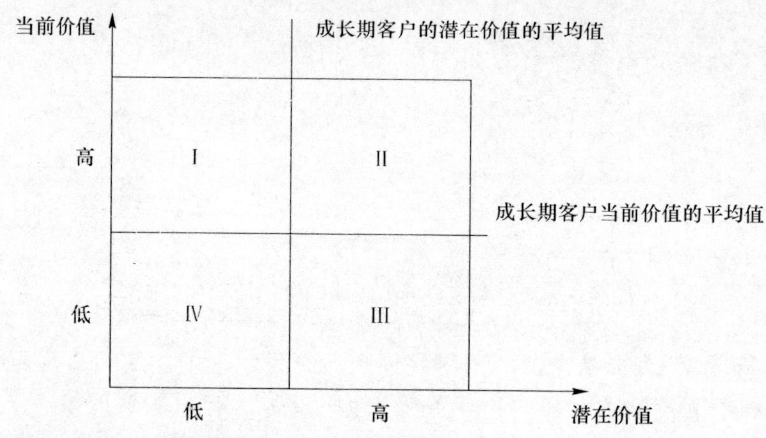

图 7-4　成长期客户的细分

（一）成长期Ⅰ类客户的管理策略

由本章第一节的计算过程可知：客户的当前价值、剩余生命周期对其潜在价值有着重要的影响。即客户的当前价值越大，客户的潜在价值越高；客户的剩余生命周期越长，客户的潜在价值越高。由图 7-4 可知：成长期Ⅰ类客户的当前价值大于成长期客户当前价值的平均值，而其潜在价值小于成长期客户潜在价值的平均值。所以，此类客户的剩余生命周期要比成长期客户的平均剩余生命周期要短。由于客户处于成长期，因此这类客户的剩余生命周期实际并不会太短，其剩余生命周期仍远大于衰退期客户的剩余生命周期。所以，此类客户的潜在价值并不小，仅略小于成长期客户的潜在价值的平均值。同时，由本章第一节的客户状态转化平均概率矩阵 $\boldsymbol{P}^*$ 可知：对于当前状态为成长期的客户而言，在下一个时期，客户的状态转变为“衰退期”和“流失期”的概率较低。所以，此类客户仍应视为企业未来重要的利润源泉。同时，结合本章第二节关于成长期客户价值

的关键影响因素的分析可发现：产品或服务的质量水平、产品或服务的价格水平、业务的吸引力和产品或服务体验为成长期客户价值的关键影响因素。因此，对于此类客户，企业应采取以下管理策略：

（1）通过本章第二节的分析可知，业务吸引力和产品或服务体验是成长期客户最关注的因素，因此企业需要通过分析此类客户的消费行为掌握客户的消费偏好。以此为基础，制定出针对客户偏好的个性化服务方案，提升业务的吸引力和产品或服务体验，从而提升此类客户对企业的主动忠诚度。

（2）对此类客户，企业还应通过为客户提供优惠待遇的方式来增加此类客户的转移成本（如电信企业对客户提供预存话费赠送手机来为客户设置转移障碍），以提升此类客户的被动忠诚度，从而使此类客户转变为高当前价值、高潜在价值的“双高”客户，即由Ⅰ类转变为Ⅱ类客户。

（二）成长期Ⅱ类客户的管理策略

通过图7-4可发现：Ⅱ类客户为高当前价值、高潜在价值的“双高”客户。此类客户还处于成长期，所以此类客户是企业最有发展潜力的客户群体。企业对此类客户的管理策略如下：

（1）对处于成长期的客户而言，产品或服务的质量水平、产品或服务的价格水平、业务的吸引力和产品或服务体验为成长期客户价值的关键影响因素。Ⅱ类客户是成长期客户中最优质的客户群体。因此，对此类客户企业需要提供最优质的产品与服务以保证服务的质量水平，同时根据客户的消费行为数据，对客户的消费习惯与消费偏好进行发掘，以提升业务吸引力。在此基础之上，主动为客户提供增值服务，使客户感受到企业产品或服务的高性价比。

（2）对此类客户采取精细化的营销方法，注重企业与客户之间的情感培养（如电信企业在客户的生日或者重要节日为重要客户发送祝福短信等）以提升客户的服务体验，培养客户的情感忠诚度，从而维系企业与此类客户之间的长期而稳定的合作关系。

（3）对此类客户消费的动态进行实时监控，当发现客户存在向衰退期状态转化的趋势时，应及时预警，并对客户采取挽留措施。

（三）成长期Ⅲ类客户的管理策略

由本章第一节的计算过程可知：客户的当前价值越大，客户的潜在价值越高；客户的剩余生命周期越长，则客户的潜在价值越高。而通过图7-4可以发现，成长期Ⅲ类客户的当前价值不高，但潜在价值较大，可推断出此类型客户的剩余生命周期较长。所以，此类客户对于企业而言，其短期的价值并不高，但具有一定的发展潜力与长期价值。因此，对此类客户应采取的管理策略为：

（1）根据本章第二节的分析可知，成长期客户较关注的因素有业务吸引力，因此需要充分发掘此类客户的潜力；由于成长期客户较关注企业提供的服务或产品的价格水平，成长期Ⅲ类客户更是对企业提供的产品或服务的价格水平会较敏感，此类客户转变为成熟期客户之前，往往会将企业的价格与同行业内其他企业的产品或服务的价格水平进行对比。因此，企业需要提供增值服务给此类客户，以提升业务对其的吸引力，从而引导其进行消费。

（2）培养客户对企业的情感忠诚度，维持与客户间的长期合作关系，促使此类客户向Ⅱ类客户转变。

（四）成长期Ⅳ类客户的管理策略

通过图7-4可发现，此类客户的当前价值与潜在价值都较低，但考虑到客户此时处于成长期，所以客户的剩余生命周期仍相对较长，客户在以后可能会有所改变。因此，企业可暂时将此类客户划入“鸡肋客户”的行列，对此类客户，企业应采取的管理策略为：

（1）由于产品或服务的质量是成长期客户价值的关键影响因素之一，因此对此类客户，企业仍然应为其提供有质量保障的基本产品或服务，从而在此类客户心里建立良好的企业形象。

（2）尽可能地促使该类型客户向Ⅰ类客户或Ⅱ类客户进行转变。

（3）对此类客户进行一段时间的观察，若客户并无向Ⅰ类客户或者Ⅱ类客户进行转变的迹象，出于服务成本的考量，企业应主动放弃此类客户。

简言之，成长期各价值类型客户的管理策略为：对于Ⅰ类及Ⅲ类客户，应促使其转变为Ⅱ类客户；对于Ⅱ类客户，企业应尽量使其保持当前状态；对于Ⅳ类客户，应尽量使其转变为Ⅰ类或Ⅲ类客户，若难以转变，企业应果断放弃该类客户。上述成长期客户的管理策略如图7-5所示，在策略实施的过程中，企业应该

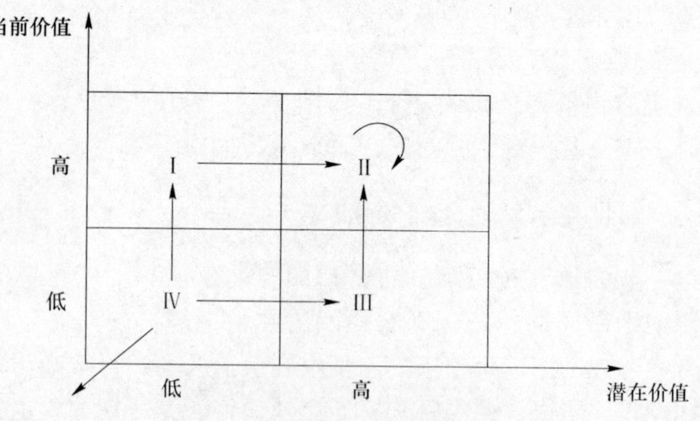

图7-5 成长期客户的管理策略

始终将产品或服务的质量水平作为基础，挖掘客户的需要，为客户提供更有吸引力以及更强体验的产品或服务，以提升企业产品或服务的性价比。

二、基于客户价值的成熟期客户管理策略

与成长期客户的细分过程相同，首先识别所有当前处于成熟期状态的客户；然后，再计算出成熟期客户的当前价值的平均值以及潜在价值的平均值；最后，以成熟期客户的当前价值的平均值以及潜在价值的平均值为基准，将成熟期客户划分为四种类型，如图 7-6 所示。同时，根据本章第二节的研究可知：对于成熟期的客户，影响成熟期客户价值的关键因素为产品或服务的质量水平、客户满意度以及产品或服务体验。

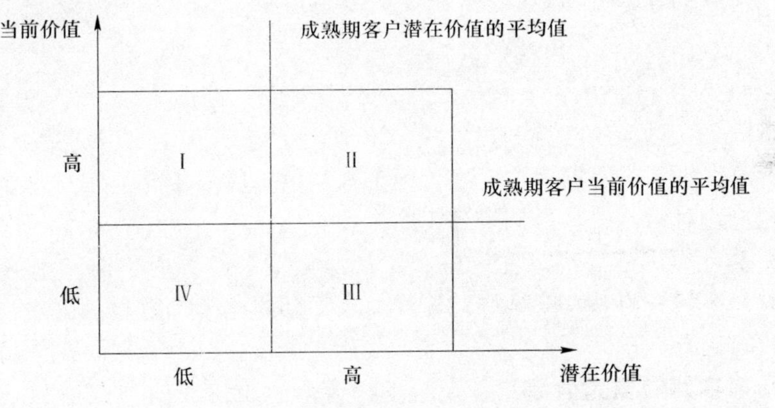

图 7-6 成熟期客户的细分

（一）成熟期Ⅰ类客户的管理策略

由本章第一节的客户潜在价值的计算过程可知：客户的当前价值越大，客户的潜在价值也越高；客户的剩余生命周期越长，则客户的潜在价值越高。根据图 7-6 可知，成熟期Ⅰ类客户的当前价值高于成熟期客户当前价值的平均值，而其潜在价值小于成熟期客户当前价值的平均值，所以此类客户的剩余生命周期要小于成熟期客户的平均剩余生命周期。同时，根据第五章内容可知，成熟期标准客户的剩余生命周期与成熟期客户的平均生命周期相等，故成熟期Ⅰ类客户的剩余生命周期要小于成熟期标准客户的生命周期。因此，从利润贡献角度看，此类客户比成熟期标准客户要差。同时，由于成熟期标准客户为企业贡献利润的增速趋近于零，所以此类客户为企业贡献利润的增速要小于零。此类客户在当前时期为企业贡献的利润相对上一个时期而言，已出现下滑的趋势，不过这种下滑趋势并不明显。产生这种现象的原因可能是客户开始对企业提供的产品或者服务有所不满；另一方面，

由于此类客户的当前价值较高，此类客户往往会享受到较多的企业优惠待遇，因此此类客户的转换成本（即客户更换合作伙伴支付的成本）也比较高，所以，此类客户并不会在短期内流失。基于上述的分析，对于此类客户的管理策略应为：

（1）根据本章第二节的分析可知，客户满意度是影响成熟期客户价值的关键因素。此类客户刚出现衰退的迹象，说明此类客户此时可能对企业提供的产品或服务出现了一定的不满情绪；而此类客户受制于相对较高的转移成本，短期内并不会流失。此时企业对此类客户的挽留成本不高，企业应针对成熟期客户较关注企业产品或服务的质量水平和服务体验的特点，提升企业的服务质量与服务体验，从而提升客户的满意度。

（2）通过提高对此类客户的服务质量与服务体验的方式来提升其满意度，促进其向成熟期Ⅱ类客户转变。

（二）成熟期Ⅱ类客户的管理策略

根据图7-6可知，此类客户的当前价值高于成熟期客户当前价值的平均值，其潜在价值也高于成熟期客户潜在价值的平均值。所以，此类客户是企业最重要的核心客户，对于此类客户的管理策略为：

（1）为此类客户提供高品质的核心产品或服务，同时实时注意此类客户的服务体验，将客户的满意度维持在较高的水平，使此类客户在尽可能长的时期内保持当前的状态。

（2）在上述措施的前提下，及时根据客户的偏好，向客户推荐企业新开发的产品或服务，进一步增加客户对企业产品或服务的体验，以引导此类客户再次进入成长期。

（3）对此类客户消费的动态进行实时监控，当发现客户存在向衰退期状态转化的趋势时，即一旦发现客户的满意度出现下滑，应及时预警并对客户采取挽留措施。

（三）成熟期Ⅲ类客户的管理策略

由本章第一节的客户潜在价值的计算过程可知：客户的当前价值越大，客户的潜在价值也越高；客户的剩余生命周期越长，则客户的潜在价值越高。根据图7-6可知，成熟期Ⅲ类客户的当前价值低于成熟期客户当前价值的平均值，而其潜在价值高于成熟期客户当前价值的平均值。所以，此类客户的剩余生命周期要长于成熟期客户的平均剩余生命周期，此类客户对企业的忠诚度比较高。同时，由客户生命周期理论可知，成熟期的客户对企业的利润贡献在一段较长的时期内已趋近于极大值；而此类客户的当前价值比较低，则意味着此类客户在当前对企业的利润贡献并不大，可推测出此类客户的消费能力较为有限。所以，基于成熟期Ⅲ类客户的这些特点，企业对于此类客户的管理策略应为：

（1）根据本章第二节关于影响成熟期客户价值的关键因素分析可知：成熟期客户较关注企业的产品或服务的质量水平，比较注重服务体验。因此，对此类客户，在保证产品或服务质量的前提下，应为此类客户提供性价比较高的产品或服务，以提升客户的服务体验，从而维持企业在此类客户心目中的良好形象。

（2）在措施（1）的基础之上，使此类客户在尽可能长的时期内保持当前的状态。

（四）成熟期Ⅳ类客户的管理策略

由客户生命周期理论可知：成熟期客户对企业的利润贡献已在一个较长时期内趋近于极大值。由图7-6可知，成熟期Ⅳ类客户的当前价值低于成熟期客户当前价值的平均值，所以此类客户在当前对企业的利润贡献较为有限，因此可推断出此类客户的消费能力并不强。由图7-6还可知：成熟期Ⅳ类客户的潜在价值低于成熟期客户潜在价值的平均值，此类客户的剩余生命周期小于成熟期客户的平均剩余生命周期，由此可推测此类客户对企业的忠诚度并不高。因此，企业针对成熟期Ⅳ类客户的策略应为：放弃此类客户。

综上所述，成熟期客户的管理策略为：对于Ⅰ类客户要采取及时挽留的策略，并促使其向Ⅱ类客户转变；对于Ⅱ类与Ⅲ类客户，则应使这些客户在尽可能长的时间内保持当前的状态；对于Ⅳ类客户应采取放弃的策略，如图7-7所示。同时，根据本章第二节关于影响成熟期客户价值的关键因素分析可知：成熟期客户较关注的因素有：产品或服务质量、客户满意度和服务体验。因此，在上述的成熟期客户分类管理策略的实施过程中，企业需要以产品或服务质量为基础，努力提升客户的服务体验，提升成熟期客户的客户满意度，从而尽最大可能地延长客户的成熟期。

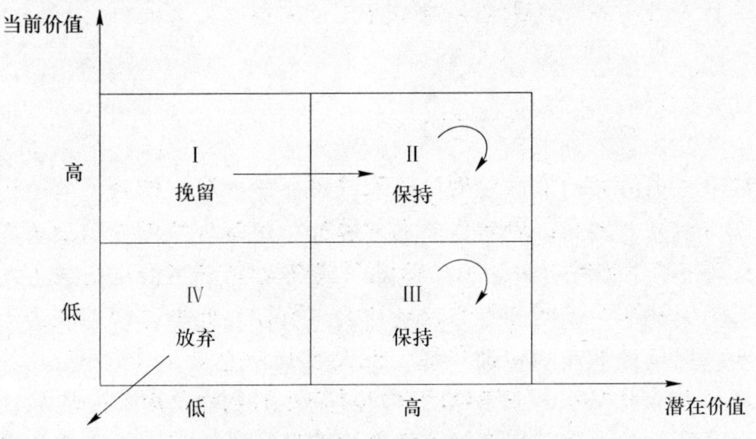

图7-7　成熟期客户的管理策略

三、基于客户价值的衰退期客户管理策略

与成长期及成熟期客户的细分方法一样，首先识别出所有当前处于衰退期状态的客户；然后，再计算出衰退期客户的当前价值的平均值以及潜在价值的平均值；最后，以衰退期客户的当前价值的平均值以及潜在价值的平均值为基准，将衰退期客户划分为四种类型，如图 7-8 所示。

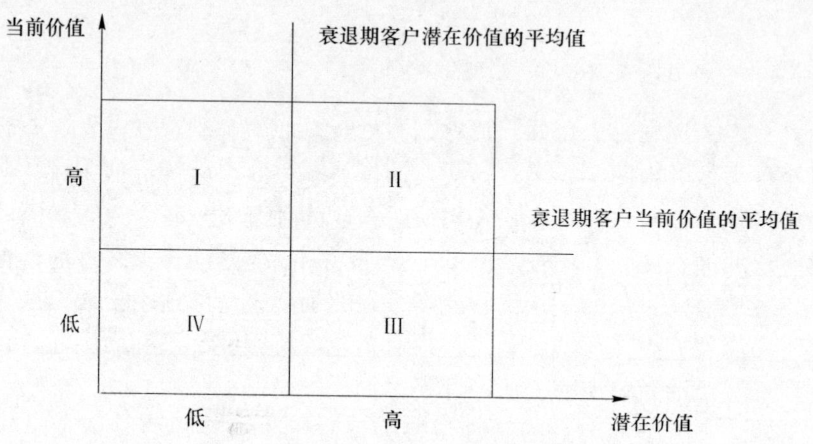

图 7-8　衰退期客户的细分

在图 7-8 的基础之上，结合本章第二节关于影响衰退期客户价值的关键因素：产品或服务的质量水平、业务吸引力、客户满意度、产品或服务体验和转移成本等因素，可对图 7-8 中处于衰退期的四类客户采取以下的分类管理策略。

（一）衰退期Ⅰ类客户的管理策略

由本章第一节的客户潜在价值的计算过程可知，客户的当前价值以及剩余生命周期时间对客户的潜在价值有重要的影响。根据图 7-8 中可知，衰退期Ⅰ类客户的当前价值高于衰退期客户当前价值的平均值，而其潜在价值小于成熟期客户当前价值的平均值。所以，此类客户的剩余生命周期要小于衰退期客户的平均剩余生命周期，也就意味着此类客户的衰退程度要高于衰退期客户的平均水平，说明此类客户处于快速的衰退中；另一方面，此类客户的当前价值要高于衰退期客户当前价值的平均值，说明此类客户的消费能力相对较强。基于此类客户的这些特点，企业应当采取下面的管理策略。

（1）采取挽留措施，以减缓此类客户的衰退速度，根据本章第二节关于衰退期客户价值的关键因素分析可知，转移成本是影响衰退期客户价值的关键因素之一，提高客户的转移成本是减缓此类客户的衰退速度的关键。通过提升客户的

转移成本，尽可能地促使其向衰退期Ⅱ类客户转变。

（2）在采取挽留措施的同时，要注意控制挽留成本以及关注客户的动态，一旦出现挽留成本过高或者挽留效果不明显的情形，应果断放弃此类客户。

（二）衰退期Ⅱ类客户的管理策略

根据图7-8可知，衰退期Ⅱ类客户的当前价值要高于衰退期客户当前价值的平均值，其潜在价值要高于衰退期客户潜在价值的平均值。这意味着此类客户不仅具有较强的消费能力，同时其衰退程度要低于衰退期客户的平均水平，故此类客户就有较大的挽留价值。基于此，企业对此类客户的管理策略应为：

（1）对此类客户采取挽留措施，并尽力中止此类客户衰退的势头。

（2）根据前文的分析可知，对处于衰退期的客户，业务吸引力、产品或服务体验以及客户满意度为三个关键因素。因此，此类客户，陷入衰退状态，很可能的原因是客户对企业的产品或服务有所不满，企业应该努力提升业务吸引力和客户的服务体验，以重新提升客户对企业的满意度，使此类客户对企业的利润贡献重新回到平稳状态，即促使此类客户到达新的成熟期。

（三）衰退期Ⅲ类客户的管理策略

根据图7-8可知，衰退期Ⅲ类客户的当前价值小于衰退期客户当前价值的平均值，所以此类客户的消费能力并不强；此类客户的潜在价值要高于衰退期客户潜在价值的平均值，可推断此类客户的剩余生命周期要大于衰退期客户的平均剩余生命周期，由于衰退期客户的平均剩余生命周期较短，所以此类客户的剩余生命周期也不会太长。同时，又因为此类客户的消费能力不强，所以此类客户在未来对企业的利润贡献较为有限。另外，考虑到此时客户已处于衰退期，企业对客户提供更有吸引力的业务和更好的服务体验的方式挽留此类客户的成本相对较高。因此，企业对此类客户的管理策略应为：放弃此类客户。

（四）衰退期Ⅳ类客户的管理策略

根据图7-8可知，衰退期Ⅳ类客户的当前价值小于衰退期客户当前价值的平均值，其潜在价值也小于衰退客户潜在价值的平均值。同时，结合客户当前已处于衰退期的情形，此类客户对企业几乎毫无价值，所以企业对此类客户的管理策略为：放弃此类客户，将企业有限的资源用于挽留衰退期的Ⅰ类客户和衰退期Ⅱ类客户。

综合上述分析，可用图7-9来表示衰退期客户的管理策略。企业通过提供更有吸引力的业务和提升客户的服务体验的方式尽量挽留衰退期Ⅱ类客户。对于Ⅰ类客户，企业应以提升转移成本的方式来延缓此类客户的衰退速度；当挽留成本过高时，应该适时放弃此类客户。对于衰退期的Ⅲ类和Ⅳ类客户，企业应当果断放弃，以集中有限的资源为处于成长期和成熟期的客户提供质量水平更好、更有吸引力的业务，以提升成长期和成熟期客户的满意度，使其为企业更好的贡献利润。

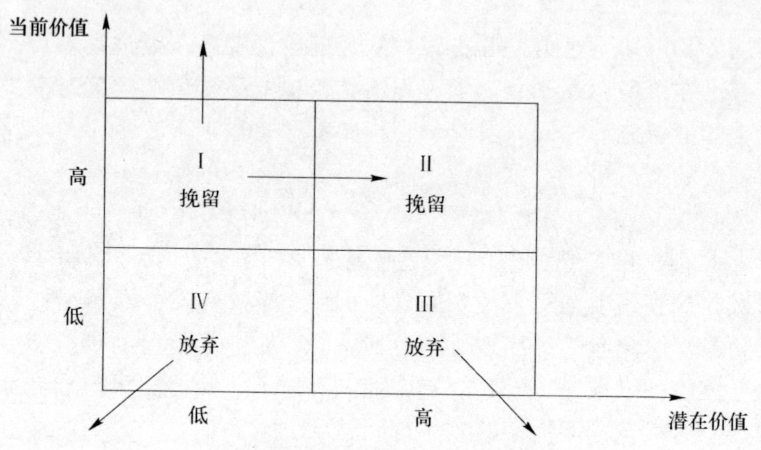

图 7-9　衰退期客户的管理策略

第四节　本章小结

首先在某电信运营商的客户数据的基础之上，对生命周期各阶段客户的平均剩余生命周期度量模型及个体客户的剩余生命周期度量模型的计算过程进行了验证，计算了个体客户的剩余生命周期；并将个体客户的剩余生命周期作为参数引入到客户价值的计算公式中，对个体客户的价值进行了度量；利用 DEMATEL 方法对影响成长期、成熟期以及衰退期客户价值的关键因素进行了分析；最后，从客户当前价值、潜在价值以及个体客户所处生命周期阶段等三个维度，结合影响成长期、成熟期以及衰退期客户价值的关键因素对客户进行分类，并针对每类客户为企业提出相应的管理策略。

第八章　总结与展望

第一节　总　　结

根据客户的价值对客户进行准确分类是企业对不同类型的客户实施差异化管理的重要依据。客户的剩余生命周期对客户的价值具有至关重要的影响，因此个体客户剩余生命周期的度量是客户价值度量过程中的重点与难点。

本书的研究主线围绕着个体客户所处生命周期阶段的识别、生命周期各阶段客户的平均剩余生命周期的度量、生命周期各阶段标准客户的塑造以及个体客户与标准客户间的相似性度量等个体客户剩余生命周期度量中的关键问题进行展开，最后将个体客户的剩余生命周期计算模型应用于客户价值管理的实践之中。

在个体客户所处生命周期阶段的识别方面，根据客户生命周期理论对生命周期各阶段客户的特点进行分析，提出了客户生命周期阶段的识别指标，并运用粗糙集中的属性重要度方法计算出了各指标的权重；然后以各识别指标为证据，运用证据理论对个体客户当前所处的生命周期阶段进行了识别。

在生命周期各阶段客户的平均剩余生命周期的计算方面，运用马尔可夫链对生命周期各阶段客户的状态转化过程进行了分析，计算了生命周期各阶段客户的状态转化概率，得到了客户的状态转化概率矩阵。在此基础之上，结合马尔可夫链中的首次通过时间的计算方法对生命周期各阶段客户的平均剩余生命周期进行了计算。

在生命周期各阶段标准客户的塑造方面，运用粗糙集提取出生命周期各阶段标准客户的特征行为属性，运用贝叶斯理论中的条件概率确定各标准客户在特征行为属性上的取值，从而完成生命周期各阶段的标准客户的塑造。此时，生命周期各阶段标准客户的剩余生命周期与生命周期各阶段客户的平均剩余生命周期相等。

运用模糊理论中模糊贴近度的计算方法计算出个体客户与相应的标准客户间的相似度（如成长期客户与成长期标准客户间的行为相似度）。在此基础之上，结合标准客户的剩余生命周期计算出个体客户的剩余生命周期。

以某电信企业的客户数据为基础，对个体客户剩余生命周期的度量过程进行了验证，并将客户的剩余生命周期作为参数引入客户价值的计算公式，对个体客户的价值进行计算。运用 DEMATEL 方法对影响生命周期各阶段客户价值的关键因素进行分析。最后，根据个体客户的价值、客户当前所处生命周期阶段以及影响生命周期各阶段客户价值的关键因素，对客户进行分类，然后给出相应的客户管理策略。

第二节　本书的学术贡献及创新之处

（1）提出了个体客户所处生命周期阶段的识别指标与识别方法。在相关国内外研究基础之上，结合客户交易情形理论、客户生命周期等基本理论，对生命周期各阶段客户的特点进行分析，提出了个体客户所处生命周期阶段的识别指标；运用粗糙集中的属性重要度计算方法计算出各识别指标的权重，以各识别指标为证据，运用决策规则强度的计算方法结合客户在各识别指标上的取值计算出各证据的支持度；运用证据推理算法对各证据进行合成，最终推断出客户所处的生命周期阶段。

（2）提出了生命周期各阶段客户平均剩余生命周期的计算方法。在客户生命周期理论及动态客户管理理论的基础之上，对客户由衰退期重新回到成熟期、由成长期不经过成熟期而直接进入衰退期等所有可能的生命周期各阶段客户的状态转化情形进行了分析；扩展了客户生命周期理论，确定了生命周期各阶段客户的状态转化空间，运用带单侧吸收壁的马尔可夫链对生命周期各阶段客户的状态转化过程进行了分析；依据客户的状态分布（即在某一时刻，处于某种状态的客户数量），计算出了上述过程中的客户状态转化概率矩阵；运用马尔可夫过程中的首次通过时间的计算方法，对生命周期各阶段客户的平均剩余生命周期进行了计算。

（3）提出了生命周期各阶段标准客户的塑造方法与个体客户剩余生命周期的计算方法。运用粗糙集中的信息熵约简算法，从客户行为属性中提取出生命周期各阶段标准客户的特征行为属性；然后，运用贝叶斯理论中条件概率的计算方法，计算出生命周期各阶段的标准客户在各特征行为属性项上的取值，完成了生命周期各阶段标准客户的塑造；运用模糊集中模糊相似度的计算方法，对个体客户与相应标准客户间的行为相似度（如成长期客户与成长期标准客户间的行为相似度）进行计算，结合标准客户的剩余生命周期，计算出个体客户的剩余生命周期。

第三节　研究展望

限于时间以及本人的能力及精力，本书的研究工作依然存在一定的不足及需要后续改进之处，主要包括以下方面：

（1）本书以各识别指标为证据，运用证据推理的方法对各证据进行了合成，通过最终的综合证据置信度对客户的生命周期阶段进行识别。但在此过程中，对于多个客户状态的综合证据置信度非常接近（如客户处于成长期的综合置信度与处于成熟期综合置信度基本相等的情形）情形下的个体客户所处生命周期阶段的识别问题，本书未充分考虑。

（2）本书在构建生命周期各阶段客户的状态转化过程模型时，假设客户一旦流失就不会回来。但在实际情形中，客户流失一段时间后，可能重新与企业建立合作关系，对此种情形，本书并未考虑。

（3）在进行生命周期各阶段标准客户的塑造时，本书采用粗糙集方法来提取标准客户的特征行为属性，这需要对连续性数据进行离散化处理；在本书中各属性值的离散化区间是由专家经验给定的，这为标准客户在各特征行为属性项上的取值范围的计算带来了误差。

（4）本书将个体客户剩余生命周期应用于个体客户价值的度量过程中，并以此为基础对客户进行了分类。下一步应根据个体客户的价值以及客户的历史行为数据，对客户进行有效的服务推荐展开研究。

参考文献

[1] 徐忠海．从产品生命周期到客户关系生命周期——企业营销理念的变化［J］．经济管理，2001（8）：25～29.

[2] 徐忠海，王玲．基于客户关系生命周期的 CRM 理念［J］．科研管理，2003，24（6）：94～102.

[3] Sandy D Jap，Shankar Ganesan. Control mechanisms and the relationship life cycle：implication for safeguarding specific investments and developing commitment［J］．Journal of Marketing Research，1984，37（2）：227～245.

[4] 陈明亮．客户保持与生命周期研究［D］．西安：西安交通大学，2001.

[5] 陈明亮，李怀祖．客户价值细分与保持策略研究［J］．成组技术与生产现代化，2001，18（4）：23～27.

[6] 陈明亮．客户生命周期模式研究［J］．浙江大学学报（人文社会科学版），2002，32（6）：66～72.

[7] 李志刚．客户关系管理理论与应用［M］．北京：机械工业出版社，2006.

[8] 郑灿雷，李飞．客户流失的相关理论探析［J］．江苏商论，2007（3）：28～30.

[9] Dwyer F，Schurr，Paul F. Developing Buyer-Seller Relations［J］．Joural of Marketing，1987，51（4）：11～28.

[10] Stauss B，Friege C. Regain Service Customers［J］．Journal of Service Research，1999，1（5）：347～361.

[11] 陈明亮．生命周期不同阶段客户重复购买意向决定因素的实证研究［J］．管理世界，2002（11）：93～99.

[12] 陈明亮．客户生命周期利润变化趋势的实证研究［J］．统计研究，2002（6）：40～44.

[13] 李天．基于客户生命周期理论的移动数据业务客户需求影响因素实证研究［D］．北京：北京邮电大学，2013.

[14] 任朝江，吴祈宗，卢艳秋．客户关系全生命周期的状态转移分析模型研究［J］．生产力研究，2007（16）：62～63.

[15] 罗有攀，谢素静，江其文．客户关系生命周期管理探讨［J］．广西大学学报（哲学社会科学版），2010，32（S）：143～145.

[16] 王庆国，蔡淑琴，喻友平．企业客户关系生命周期六阶段模型［J］．统计与决策，2006（16）：162～164.

[17] Ma Ming，Liu Zehui，Chen Jinyuan. Phase-type distribution of customer relationship with Markovian response and marketing expenditure decision on the customer lifetime value［J］．European Joural of Operation Research，2008，187（1）：313～326.

[18] 黄友兰，何艳群．基于客户生命周期的电信企业 CRM 营销策略研究［J］．改革与战略，2009（12）：55～57.

[19] 陈明亮．基于全生命周期利润的客户细分方法［J］．经济管理，2002（20）：42～46.

[20] 陈明亮．客户忠诚与客户关系生命周期［J］．管理工程学报，2003，17（2）：90～93.

[21] 谭跃雄，周娜，于强. 客户生命周期价值模型扩展及在客户细分中的应用 [J]. 湖南大学学报（自然科学版），2005，32（3）：124～128.

[22] 谭跃雄，周娜. 基于动态客户保持的企业客户生命周期价值模型研究 [J]. 管理科学，2004，17（6）：46～50.

[23] Hwang H，Jung T，Suh E. A LTV model and segmentation based on customer value：a case study on the wireless telecommunication industy [J]. Expert Systems with Applictions，2008，26（2）：181～188.

[24] 桂晓梅. 基于全生命周期客户价值的客户细分研究 [J]. 价值工程，2009（9）：62～65.

[25] 郭玉华，陈治亚. 基于客户生命周期的铁路大客户细分与发展模型 [J]. 铁道科学与工程学报，2011，18（2）：86～91.

[26] 贺昌政，孔力. 基于 CLV 要素的信用卡客户细分模型 [J]. 统计与决策，2013（11）：183～185.

[27] 邱吉福，王园. 基于客户生命周期理论的证券业客户细分实证研究 [J]. 上海管理科学，2013，35（2）：50～56.

[28] 单友成. CRM 中模糊数据挖掘及客户生命周期价值与客户满意度研究 [D]. 天津：天津大学，2009.

[29] 辛宇，郑鑫. 大数据驱动与客户生命周期——基于汽车行业的分析 [J]. 河南社会科学，2014，22（3）：71～77.

[30] 宋朝红. 基于客户生命周期理论的移动互联网业务营销研究 [D]. 北京：北京邮电大学，2012.

[31] 胡琪锐. 基于客户生命周期理论的汽车私人消费者忠诚模型研究 [D]. 武汉：武汉理工大学，2013.

[32] 薛锴. 信用卡客户全生命周期价值测量方法及应用研究 [D]. 上海：华东理工大学，2013.

[33] 孙瑛，马宝龙，李金林. 基于 RFM 模型方法的忠诚计划会员顾客价值识别研究 [J]. 数学的实践与认识，2011，41（15）：75～79.

[34] 马宝龙，李飞，王高，等. 随机 RFM 模型及其在零售顾客价值识别中的应用 [J]. 管理工程学报，2011，25（1）：102～108.

[35] 刘朝华，梅强，蔡淑琴. 基于 RFM 的客户分类及价值评价模型 [J]. 技术经济与管理研究，2012（5）：33～36.

[36] Xiong Jiangying，Yao Leiyue. Segmentaion of C2C customer using RFM model [C]. 2nd International Conference of Electrical and Electronics Engineering. Macau. Decemeber，2011：541～548.

[37] 叶祥茜. 基于 RFM 模型的 C2C 环境下顾客价值识别研究 [D]. 成都：西南财经大学，2007.

[38] Wei Jiangping. Research on VIP customer classification rule base on RFM model [C]. 2011 International Conference on Management Science and Industrial Engineering. Harbin，January，

2011：336 ~ 338.

[39] Zhang Li，Wang Yan. Research and realization of online-shopping customer segmentation based on RFM model [C]. 2014 International Conference on Advances in Materials Science and Information Technologies in Industry，Xi'an，January，2014：1361 ~ 1364.

[40] Hu Ya Han，Huang Cheng Kuei，Kao Yu Hua. Knowledge discovery of weighted RFM sequential patterns from customer sequence databases [J]. Journal of Systems and Software，2013，86 (3)：779 ~ 788.

[41] 徐翔斌，王佳强，涂欢，等. 基于改进 RFM 模型的电子商务客户细分 [J]. 计算机应用，2012，35 (5)：1439 ~ 1442.

[42] Hu Ya Han，Yeh Tzu Wei. Discovering valuable frequent patterns based on RFM analysis without customer identification information [J]. Knowledge-Based Systems，2014，61 (5)：76 ~ 88.

[43] Cho Young Sung，Moon Song Chul，Noh Si Choon，et al. Implementation of personalized recommendation system using k-means clustering of item category based on RFM [C]. IEEE 6th International Conference on Management of Innovation and Technology. Bali，June，2012：378 ~ 383.

[44] Khajvand Mahboubeh，Zolfaghar Kiyana，Ashoori Sarah，et al. Estimating customer lifetime value based on RFM analysis of customer purchase behavior：Case study [C]. 1st World Conference on Information Technology. Istanbul，October，2011：57 ~ 63.

[45] 计海斌. 基于改进的 RFM 模型的应用研究 [D]. 长春：吉林大学，2010.

[46] Hohwald Heath，Oliver Nuria，et al. User modeling for telecommunication applications：Experiences and practical implications [C]. 18th International Conference on User Modeling，Adaptation and Personalization. Big Island，HI，United states. June，2010：327 ~ 338.

[47] 琚春华，卢琦蓓，郭飞鹏. 融入个体活跃度的电子商务客户流失预测模型 [J]. 系统工程理论与实践，2013，33 (1)：141 ~ 150.

[48] 朱帮助，张秋菊. 电子商务客户流失三阶段预测模型 [J]. 中国软科学，2010 (6)：186 ~ 192.

[49] Hughes A M. Strategic database Marketing [M]. Chicago，IL：Probus Publishing Company，1994.

[50] 林柳青. 商业银行信用卡业务潜在客户识别研究 [D]. 广州：广东工业大学，2008.

[51] 李锐鑫. 移动通信流动客户识别理论研究与应用 [D]. 北京：北京邮电大学，2012.

[52] Yao Leiyue，Xiong Jianying. Customers segmentation using RFM and two-step clustering [C]. 2011 International Conference on Computational Materials Science. Guangzhou，China. April，2011：631 ~ 635.

[53] Liu Jiale，Du Huiying. Study on airline customer value evaluation based on RFM model [C]. 2010 International Conference on Computer Design and Applications. Qihuangdao，China. June，2010：4278 ~ 4281.

[54] Cheng Xuan，Gong Bo，Zhang Hong. Customer value assessment using the fuzzy AHP and

TOPSIS methods: Application in bank [J]. Journal of Information and Computational Science, 2012, 9 (12): 3430 ~ 3438.

[55] 梁志新，王凤英．基于 Logistic 回归模型的会员制营销客户分类方法 [J]. 统计与决策，2011 (10): 186 ~ 188.

[56] Su Qian, Shao Peiji, Ye Quanfu. The analysis on the determinants of mobile VIP customer churn: A logistic regression approach [J]. International Journal of Services, Technology and Management, 2012, 18 (1): 61 ~ 74.

[57] 顾光同，王力宾，费宇．电信客户流失预警规则及其信度测定实证研究 [J]. 云南财经大学学报，2010 (6): 94 ~ 98.

[58] Nie Guangli, Rowe Wei, Zhang Lingling, et al. Credit card churn forecasting by logistic regression and decision tree [J]. Expert Systems with Applications, 2011, 38 (12): 15273 ~ 15285.

[59] 陈峰．基于决策树与相异度算法的移动通信客户分类方法 [J]. 计算机应用，2009, 29 (8): 2250 ~ 2256.

[60] 马晓峰．基于数据挖掘技术的个人客户识别模型及应用 [D]. 成都：成都理工大学，2011.

[61] Lien Chih Cheng, Ho Chi Chuan, Tsai Yu Ming. Applying fuzzy decision tree to infer abnormal accessing of insurance customer data [C]. 8th International Conference on Fuzzy Systems and Knowledge Discovery. Shanghai, China. July, 2011: 801 ~ 805.

[62] Hong Taeho, Kim Eunmi. Segmenting customers in online stores based on factors that affect the customer's intention to purchase [J]. Expert Systems with Applications, 2012, 39 (2): 2127 ~ 2131.

[63] 程瑞芬．基于数据挖掘的保险业客户识别与开发研究 [D]. 郑州：河南工业大学，2013.

[64] Kim Jong Woo, Han Song Yi, Kim Dong Sung. Association rules application to identify customer purchase intention in a real-time marketing communication tool [C]. 4th International Conference on Ubiquitous and Future Networks. Phuket, Thailand. July, 2012: 88 ~ 90.

[65] Lin Jian Bang, Liang Te Hsin, Lee Yong Goo. Mining important association rules on different customer potential value segments for life insurance database [C]. 2012 IEEE International Conference on Granular Computing, Hangzhou, China, August, 2012: 283 ~ 288.

[66] Chang Horng Jinh, Hung Lun Ping, Ho Chia Ling. An anticipation model of potential customers' purchasing behavior based on clustering analysis and association rules analysis [J]. Expert Systems with Applications, 2007, 32 (3): 753 ~ 764.

[67] 朱帮助．基于 SMC-RS-LSSVM 的电子商务客户流失预测模型 [J]. 系统工程理论与实践，2010, 30 (11): 1960 ~ 1967.

[68] 谢娟英，王春霞，蒋帅，等．基于改进的 F-score 与支持向量机的特征选择方法 [J]. 计算机应用，2010, 30 (4): 993 ~ 996.

[69] Li Jun, Xin Deqiang. The identification of bank customer credit risk [C]. 2nd International

Workshop on Computer Science and Engineering, Qingdao, China, October, 2009: 191 ~ 195.

[70] Xia Taiwu. Research on customer churn model with least square support vector machine [C]. 3rd International Conference on Information Technology for Manufacturing Systems, Qingdao, China. September, 2012: 869 ~ 874.

[71] 夏国恩. 基于核主成分分析特征提取的客户流失预测 [J]. 计算机应用, 2008, 28 (1): 149 ~ 151.

[72] Zhao Xin, Wang Yi, Cha Hongwang. A mathematics model of customer churn based on PCA analysis [C]. 2009 International Conference on Computational Intelligence and Software Engineering. Wuhan, China, December, 2009: 73 ~ 80.

[73] Idris Adnan, Khan Asifullah. Customer churn prediction for telecommunication: Employing various various features selection techniques and tree based ensemble classifiers [C]. 15th IEEE International Multitopic Conference, Islamabad, Pakistan, December, 2012: 23 ~ 27.

[74] 李冰. 基于 Rough Set 的客户群共性特征知识挖掘 [J]. 软科学, 2012, 26 (7): 140 ~ 144.

[75] 曾珠. 王斌, 刘冬. 基于粗糙集-BP 神经网络的客户群特征与服务映射模型研究 [J]. 武汉理工大学学报 (交通科学与工程版), 2013, 37 (4): 758 ~ 762.

[76] 曾珠. 基于客户行为差异的汽车售后服务推荐研究 [D]. 武汉: 武汉理工大学, 2013.

[77] 王锐, 王斌. 基于粗糙熵的电信客户行为推理研究 [J]. 工业工程, 2014, 17 (2): 38 ~ 42.

[78] 王虎, 王锐, 曾珠. 基于粗糙集与 D-S 证据理论的汽车售后服务知识推理 [J]. 工业工程, 2014, 17 (5): 35 ~ 40.

[79] 王虎, 毛文婷. 基于云模型的电信客户行为关联规则研究 [J]. 武汉理工大学学报 (信息与管理工程版), 2009, 31 (5): 769 ~ 772.

[80] 王虎, 李冰. 基于 N 维云模型的客户共性与个性特征研究 [J]. 工业工程, 2012, 5 (4): 65 ~ 71.

[81] 张志宏, 寇纪淞, 陈富赞, 等. 基于遗传算法的客户购买特征行为提取 [J]. 模式识别与人工智能, 2010, 23 (2): 256 ~ 266.

[82] 张志宏. 电子商务模式下客户特征行为提取及利润挖掘 [D]. 天津: 天津大学, 2010.

[83] 路晓伟, 蒋馥, 侯立文. 基于客户本体的客户特征提取 [J]. 计算机工程, 2005, 31 (5): 31 ~ 33.

[84] Li Nan, Chen Yan. E-commerce customer feature extraction based on ontology [C]. 2nd International Conference on Innovative Computing, Information and Control Kumamoto, Japan. September, 2008.

[85] Chen Yan, Li Nan. Study on ontology-oriented features extraction approach in customer relationship management [C]. 8th International Conference of Chinese Logistics and Transportation Professionals-Logistics: The Emerging Frontiers of Transportation and Development in China. Chengdu, China. July, 2008: 1988 ~ 1994.

[86] 蔡波斯, 陈翔. 基于行为相似度的微博社区发现研究 [J]. 计算机工程, 2013, 39

(8): 55 ~ 59.

[87] Huang Zicheng, Huai Jinpeng, Sun Hailong, et al. BestRec: A behavior similarity based approach to services recommendation [C]. 2009 World Congress on Services. Bangalore, India. September, 2009: 46 ~ 53.

[88] 张文达. 电信客户特征行为分析 [D]. 成都: 电子科技大学, 2013.

[89] Park Y J, Choi E, Park S H. Two-step Filtering DataMining Method Integrating Case-based Reasoning and Rule Induction [J]. Expert Systems with Applications, 2009, 36 (1): 861 ~ 871.

[90] 袁书寒, 陈维斌, 傅顺开. 位置服务社交网络用户行为相似性分析 [J]. 计算机应用, 2012, 32 (2): 322 ~ 325.

[91] 袁书寒. 位置服务社交网络用户的行为相似性分析 [D]. 泉州: 华侨大学, 2012.

[92] Zhao Yaohong, Shi Xiaofeng. The application of vector space model in the information retrieval system [C]. 2012 International Conference on Software Engineering, Knowledge Engineering and Information Engineering. April, 2012: 43 ~ 49.

[93] Mukhopadhyay Debajyoti, Dutta Ruma, et al. A product recommendation system using vector space model and association rule [C]. 11th International Conference on Information Technology. Bhubaneswar, India. December, 2008: 279 ~ 282.

[94] 赵长宽, 李封, 徐彬, 等. 博客好友互动行为相似性研究 [J]. 计算机工程与应用, 2014, 50 (6): 1 ~ 6.

[95] 李军威, 戚进, 胡杰, 等. 一种基于隶属函数的相似度计算方法及其应用 [J]. 计算机应用, 2010, 27 (3): 891 ~ 893.

[96] 张凌宇, 马宗民. 一种模糊相似概念相似度的计算方法 [J]. 东北大学学报 (自然科学版), 2013, 34 (9): 1236 ~ 1239.

[97] 张佳乐, 梁吉业, 庞继芳, 等. 基于行为和评分相似的关联规则群推荐算法 [J]. 计算机科学, 2014, 41 (3): 36 ~ 40.

[98] Park Jean Ho, Hwang Jai Hyuk, et al. Similarity measure on intuitionistic fuzzy sets [J]. Journal of Central South University, 2013, 20 (8): 2233 ~ 2238.

[99] 吴立云, 杨玉中. 基于粗糙集-熵理论的绿色供应商选择模型研究 [J]. 工业工程与管理, 2011, 16 (2): 34 ~ 39.

[100] 姚金峰, 吴春旭. 基于 Web 使用挖掘的匿名用户购买行为预测模型 [J]. 计算机应用与软件, 2007, 24 (11): 186 ~ 188.

[101] 秦二娃, 卢向华. 网络零售中的新客户与老客户购买行为差异: 基于淘宝网的实证对比研究 [J]. 经济管理, 2012, 34 (6): 82 ~ 90.

[102] 李纯青, 袁亮, 马军平. 马尔可夫链概率矩阵的银行业客户行为预测 [J]. 西安工业大学学报, 2011, 31 (6): 554 ~ 558.

[103] Liu Yan, Chen Yingwu, Zhou Changfeng. Determinants of customer purchase intention in electronic service [C]. 2nd International Conference on E-Business and Information System Security, Wuhan, China, May, 2010: 73 ~ 76.

[104] Hyung Jun Ahn. Evaluating customer aid fuctions of online stores with agent-based models of customer behavior and evolution strategy [J]. Information Science, 2010, 180 (9): 1555 ~ 1570.

[105] Guo Lei, Hu Anan, Qin Erwa. Dynamic prediction of individual customer's purchase behavior [C]. 2013 International Forum on Materials Analysis and Testing Technology, Qingdao, China, December, 2013: 998 ~ 1002.

[106] 王观玉，郭勇．支持向量机在电信客户流失预测中的应用研究 [J]. 计算机应用，2011，28 (4): 115 ~ 118.

[107] 应维云．随机森林方法及其在客户流失预测中的应用研究 [J]. 管理评论，2012，24 (2): 140 ~ 145.

[108] Yan Pan, Yun Chen, Yi Xin. Predict the churn and silent customers: A case study of individual investor [C]. 2009 IEEE International Conference on Intelligent Computing and Intelligent Systems, Shanghai, China, November, 2009: 658 ~ 662.

[109] Kisioglu Pinar, Topcu Y Ilker. Applying Bayesian Belief Network approach to customer churn analysis: A case study on the telecom industry of Turkey [J]. Expert Systems with Applications, 2011, 38 (6): 7151 ~ 7157.

[110] Modani Natwar, Dey Kuntal, et al. CDR analysis based Telco churn prediction and customer behavior insights: A case study [C]. 14th International Conference on Web Information Systems Engineering, Nanjing, China, October, 2013: 256 ~ 269.

[111] 薛军，陈英．基于 AOI 的客户行为分析方法 [J]. 计算机应用与软件，2008，25 (6): 126 ~ 127.

[112] 季霈易．基于模糊聚类的快速消费品客户行为研究 [D]. 上海：复旦大学，2012.

[113] 姚晓辉，胡源，张宇翔．电信行业客户行为标签数据对外经营模式研究 [J]. 电信科学，2013 (11): 17 ~ 22.

[114] Moon-Sun Hwang, Heui Sug Jo, et al. Customer behavior analysis for internet health information market segmentation in Korea [C]. 2nd International Conference on e-Business, Spain, July, 2007: 256 ~ 260.

[115] Wang Huiling. An unsupervised purchase-based customer clustering method for e-supply chain [C]. IEEE International Conference on Service Operations and Logistics and Informatics, Beijing, October, 2008: 686 ~ 688.

[116] Zheng Dequan. Application of silence customer segmentation in securities industry based on fuzzy cluster algorithm [J]. Journal of Information and Computational Science, 2013, 10 (13): 4337 ~ 4347.

[117] Zeithaml V A. Consumer perceptions of price, quality and value: a means-end model and synthesis of evidence [J]. Journal of marketing, 1988, 52 (7): 2 ~ 22.

[118] Kotler P. Customer Delivered Value: the development of a multiple item scale [J]. Journal of Marketing Research, 1998, 62 (2): 203 ~ 220.

[119] Blattberg R C, et al. Customer Equity: Building and Managing relationships as valueable assets

[M]. Cambridge: Havard Bussiness School Press, 2001.

[120] Blattberg R C, Deighton J. Manage Marketing by the customer equity test [J]. Harvard Bussiness Review, 1996, 74 (4): 136 ~ 144.

[121] Barbara B Jackson. Building Customer Relationship that last [J]. Harvard Business Review, 1985, 11 (12): 120 ~ 128.

[122] Gupta S, et al. Valuing customers [J]. Journal of Marketing Research, 2004, 41 (1): 7 ~ 18.

[123] Paul D Berger, Nada I Nasr. Customer Lifetime Value Marketing Models and Applications [J]. Journal Interactive Marketing, 1998, 12 (1): 17 ~ 30.

[124] 周娜. 企业客户生命周期价值模型及应用研究 [D]. 长沙: 湖南大学, 2003.

[125] Rust R T, et al. Return on marketing: using customer equity to focus marketing strategy [J]. Journal of Marketing, 2004, 68 (1): 109 ~ 127.

[126] 齐佳音, 舒华音. 客户价值评价、建模及决策 [M]. 北京: 北京邮电大学出版社, 2005.

[127] 刘志强. 电信个人客户价值度量研究 [D]. 上海: 同济大学, 2008.

[128] 王素芬, 汤兵勇. 客户终生价值的研究 [J]. 黑龙江大学自然科学学报, 2002, 19 (2): 24 ~ 28.

[129] 匡奕球. 基于生命周期的客户终生价值分析 [J]. 四川工业学院学报, 2003 (ZK): 83 ~ 85.

[130] Schmittlein D C, et al. Counting your Customers: who are they and what they will do next? [J]. Management Science, 1987, 33 (1): 1 ~ 24.

[131] 马少辉, 刘金兰. Pareto/NBD 模型实证与应用研究 [J]. 管理科学, 2006, 19 (5): 45 ~ 49.

[132] 马少辉. 客户资产分析及管理研究 [D]. 天津: 天津大学, 2007.

[133] 王浩. 客户终生价值动态建模 [D]. 北京: 北京邮电大学, 2009.

[134] Glady Nicolas, Baesens Bart, et al. A modified Pareto/NBD approach for predicting customer lifetime value [J]. Expert Systems with Applications, 2009, 36 (2): 2062 ~ 2071.

[135] Guo Yanhong, Wang Hui, et al. Improved pareto/NBD model and its applications in customer segmentation based on personal information combination [J]. International Journal of Database Theory and Application, 2013, 6 (5): 175 ~ 186.

[136] Fader P S, et al. "Counting your customers" the easy way: an alternative to pareto/NBD model [J]. Marketing Science, 2005, 24 (2): 275 ~ 284.

[137] Wang Xiening. Research of CLV forecasting model based on E-commerce website [C]. 1st International Conference on Information Science and Engineerin, Nanjing, China, Decmber, 2009: 3002 ~ 3005.

[138] Tang Yingchan, Wu Minhua, et al. Customer active probability and customer lifetime value analysis in Internet shopping [C]. 10th International Conference on Electronic Business-Service-Oriented E-Business, Shanghai, China, December, 2010: 495 ~ 505.

[139] 郭艳红，尹波，杨小杰．客户终生价值测度模型的应用研究［J］．管理案例研究与评论，2013，6（1）：43～50.

[140] 尹波．基于客户个性化信息的客户终生价值模型及其应用研究［D］．大连：大连理工大学，2013.

[141] Fader P S, et al. Customer-base analysis in the discrete-time noncontractual setting [J]. Marketing Science, 2010, 29 (6): 1086～1108.

[142] 苏赫．B2B 情景下的组织客户价值建模［D］．北京：北京邮电大学，2012.

[143] 李纯青，赵平，徐寅峰．动态客户关系管理的内涵及其模型［J］．管理工程学报，2005，19（3）：121～126.

[144] 马少辉，谭慧，代逸生．客户动态关系优化模型与实证研究［J］．运筹与管理，2014，23（4）：116～122.

[145] 国力文．基于隐马尔科夫模型的动态客户关系管理研究［D］．哈尔滨：哈尔滨工业大学，2013.

[146] 郭焱，刘红超，郭彬．产品生命周期评价关键问题研究综述［J］．计算机集成制造系统，2014，20（5）：1141～1147.

[147] 李晓敏．浅析产品生命周期与品牌生命周期［J］．商场现代化，2014，(3)：18～19.

[148] 张祺．基于系统动力学的客户终生价值的提升研究［D］．北京：北京邮电大学，2009.

[149] 张国政．国外客户终生价值评价模型研究综述［J］．华东经济管理，2008，22（8）：142～144.

[150] 权明富，齐佳音，舒华音．客户价值评价指标体系设计［J］．南开管理评论，2004，7（3）：17～23.

[151] 齐佳音，舒华英，孙维．移动通信用户价值评价指标体系设计［J］．中国管理科学，2004，12（10）：402～406.

[152] 唐艳．移动客户价值评价指标体系研究［D］．西安：西安理工大学，2009.

[153] 王莉．构建电信行业客户价值模型及客户价值提升策略研究［D］．北京：北京邮电大学，2011.

[154] Fu Liping, Li Juan. Comprehensive evaluation and research on China's public culture service system based on AHP method and entropy weight method [J]. Journal of Chemical and Pharmaceutical Research, 2014, 6 (3): 230～238.

[155] Zhang Shuzhong, Zeng Qinda, et al. A new approach for prioritization of failure mode in FMECA using encouragement variable weight AHP [J]. Applied Mechanics and Materials, 2013, 28 (9): 93～98.

[156] Liu Yang, Wang Jian, et al. The generalized product quality's comprehensive evaluation method based on entropy weight method [C]. 2012 International Conference on Advanced Materials Design and Mechanics, Xiamen, China, June, 2012: 662～665.

[157] Li Runjie, Yao Kaiwen, et al. Resettlement implementation effect evaluation based on entropy weight-Principal component analysis [C]. 3rd International Conference on Energy, Environment and Sustainable Development, Shanghai, China, November, 2013: 2257～2262.

[158] 王长忠，陈德刚．基于粗糙集的知识获取理论与方法［M］．哈尔滨：哈尔滨工业大学出版社，2010.

[159] 梁德翠．模糊环境下基于决策粗糙集的决策方法研究［D］．成都：西南交通大学，2013.

[160] 傅仰耿，杨隆浩，吴英杰．面向复杂评价模型的证据推理方法［J］．人工智能与模式识别，2014，27（4）：313～326.

[161] Wang Xiaohua，Liang Yan，et al. Multi-sensor target detection based on evidence reasoning theory［C］. Proceedings of the 32nd Chinese Control Conference，Xian，China，July，2013：3971～3974.

[162] Wang Hong，Shi Huijuan. Knowledge reduction based on evidence reasoning theory in interval ordered information systems［C］. 8th International Conference on Intelligent Computing Theories and Applications，Huangshan，China，July，2012：27～34.

[163] Wang Rui，Wang Hu，et al. Automotive Service Enterprises' Services Innovation Capacity Assessment Model Based on Evidential Reasoning［C］. 11th the International Conference on Innovation and Management，Vaasa，Finland，November，2014：840～844.

[164] Xiong Caiquan，He Yan. An uncertainty reasoning method based on evidence theory［C］. 9th International Conference on Natural Computation，Shenyang，China，July，2013：1021～1025.

[165] 宁宣熙，刘思峰．管理预测与决策方法［M］．第二版．北京：科学出版社，2009.

[166] 路晓伟，蒋馥．客户关系发展的马尔可夫过程模型及其应用［J］．工业工程与管理，2004，9（1）：40～44.

[167] 周跃进，杨海维．客户关系管理中客户分布的动态模型及其应用［J］．工业工程，2008，11（6）：89～94.

[168] 李冰．基于二次匹配的精准服务推荐研究［D］．武汉：武汉理工大学，2014.

[169] 沈宝宝．移动互联网环境下电信客户价值评价模型研究［D］．北京：北京邮电大学，2019.

[170] 闫春，孙海棠，李亚琪．基于随机森林与RFM模型的财险客户分类管理研究［J］．科技与经济，2018，31（1）：56～60.

[171] 龙小园．企业生命周期视角下的C银行公司客户价值管理研究［D］．湘潭：湘潭大学，2019.

[172] Hakseung Shin，Richard R. Perdue，Mario Pandelaere. Managing customer reviews for value co-creation：an empowerment theory perspective［J］. Journal of Travel Research，2020，59（5）：792～810.

[173] Noor Ul Hadi，Nadia Aslam，Amir Gulzar. Sustainable service quality and customer loyalty：the role of customer satisfaction and switching costs in the Pakistan cellphone industry［J］. Sustainability，2019，11（8）：1～17.

[174] 那文忠．客户价值实现与客户忠诚度提升策略［J］．商业经济研究，2015（9）：73～74.

[175] 高翔，贾亮亭. 基于 ECSI 的跨境电商消费者满意度实证研究 [J]. 山东社会科学，2019，285 (5)：151 ~ 156.

[176] Eria Kamya，Marikannan Booma Poolan. Significance-based feature extraction for customer churn prediction data in the telecom sector [J]. Journal of Computational and Theoretical Nanoscience，2019，11 (2)：3428 ~ 3431.

[177] Wang Rui，Peng Pin，Liu Ligang，et al. Identifying critical factors affecting the project-based teaching mode—based on DEMATEL method [J]. World Transactions on Engineering and Technology Education，2015，13 (4)：507 ~ 511.

[178] 王锐，廖作鸿，许菱. 核心课程对电子商务专业学生专业能力的影响研究——基于 DEMATEL 方法 [J]. 电子商务，2017 (1)：75 ~ 77.